JN071042

魂の教育者
詩人近藤益雄（えきお）

緩方教育と障がい児教育の理想と実践

永山絹枝

コールサック社

魂の教育者　詩人近藤益雄（えきお）

――綴方教育と障がい児教育の理想と実践

目次

Ⅰ　魂の教育者　詩人近藤益雄（えきお）「戦前」

Ⅰ

魂の教育者　詩人近藤益雄「戦前」

一、長崎綴方教育の創始者

私は近藤益雄の生き様に共感する事が多い。それは長崎県の綴方教育の創始者だからというだけでなく、彼の繊細な感受性と一筋さ、人生の選択方法と立ち直り方そして弱さと激しさに、なにがしかの通じ合いを見るからにちがいない。

歴史の反動の激流に流されそうになりながら、それでも、「すべての子どもたちの平和につづく幸せ」という広い見地に立ち返って、自分も共に生かされる道を見つけた益雄。支えたのは、いまや彼の血と肉となっていた「生活綴方」だったし、なにより幸せなことは、家族の応援と支えが得られたことだろう。

また、全国には厳しさにも耐えながら「明日を夢見て実践に励んでいる」風雪の仲間たちとの連帯・交流があった。

これから二十回に分けて論述していく「魂の教育者 詩人近藤益雄」の概要は以下の通りである。

【時代の中の近藤益雄】

（1）大正デモクラシーのなかで育てた民主主義の素地と書くこと・創作することの喜び。

（2）戦争という時代の暗黒の中で、軍国主義教育に精一杯の抵抗を示しながらも、その激流に飲み込まれざるを得なかった益雄、深く傷ついた益雄。

（3）慚愧の思いで我が身を削ってしか生きられなかった益雄の前に知的障がい児教育という道が拓かれていった。彼らとの日々の中で本物の教育を見出し、喜び、悲しみ、怒り、地域の変革（社会教育）まで広げようとした益雄の歩み。その遺産は、「魂の詩（叫び）」として残され、息子・「近藤原理」に受け継がれていった。

益雄は、一九〇七年三月一九日、佐世保市で益次郎・マスの一人っ子として生まれた。父親は四十歳で早々に亡くなっており、マスが和裁塾を開いて親子二人の生活を支えた。

長崎県平戸市の県立中学猶興館に学び、「質朴剛健」を旨とする校風の中で、文芸サークルをつくり、大正デモクラシーの影響を窺わせる社会評論「恵まれたる者」を同窓会誌に発表。

一九二四年三月　長崎県立中学猶興館卒業。五年間にわたる中学生時代を終える。その卒業記念集合写真の裏側にペン書きで次の様な詩を記している。

青春の墓場は静である
葬られてゆく　私らの心は
淋しくもまた　かなしい
物事はざる石の如く…

墓石の一つ一つは
それ　ぞれ
六十名の人の胸に漂う
追憶の墓標
青春は
マグネシアの如く
燃ゆればいい
太陽のてらすがままに
光り輝けばいい
そこに艶麗な花が　咲く

この詩は、益雄が後に自省するようにセンチメンタリズムに溢れているが、太陽が照らすがままに輝かそう、そこに自ずと道が見えると謳いあげている。

また、「城ヶ島風物詩四篇」の一つとして掲載ある「朝」は、光に満ちる清々しい朝の風景で労働者の姿も視点となっている。

朝

嬰児が無心に熟睡からさめるやうに

島の家は朝の静かな窓を開ける
太陽は碧空に温かい光を躍らし
つゝましげな雀は
ひそまつた家の間の黒土に
明るい小唄をうたつて餌を求める
海は凪だ　温かい青さだ
海鳥の純白な羽搏きが
静かな律調で島の朝を賑やかにする
私は今朝もこの清朗な情景に心を躍らして
四合の米を瀬戸物の釜でといでゐる
その傍を素朴な朝の挨拶をして通るのは
島の漁師の健康な顔である

（同人文芸「海軟風」第二巻第二号・一九二五年）

もう一つの作品は、掛け声をそろえながら鶴嘴をふるって工事に勤しむ線路工夫たちの労働する姿。優しい心でスケッチし、「いつかは幸福を掘りあてるだろうか」と希求する。

郊外風景

麦の穂の熱ばんだ波の上を
雲が閑雅なさんぽをしてゐる
爽やかな五月の晴天に
掛ごゑをそろへながら鶴嘴をふりあげてゐるのは
鉄道線路の工夫たちだ
あんなに単調に、機械的に
絶間なく、はたらいてゐたら
いつかは幸福を掘りあてるであらうか
美しい汗が明るい日光に花のように匂ふてゐる

（「炬火」・曙光詩社・第四号・一九二六年）

さて、一九二四年に東京の国学院大学高等師範に進学した益雄は、桜楓会の巣鴨「細民」地区の託児所でのセツルメント活動にも没頭していく。この事が彼の人生や生き方を方向づけていったようだ。当時を回想した文章がある。

「昼間は幼児の中に交って、砂あそびや描画の相手をし、夜になると働く青年たちの勉強会で国語の先生をさせられた。いずれも無報酬であったが、私には、その奉仕的な仕事がうれしくて、学業はうちすてて没頭した。」

「学友たちが希望するような中等学校教員をのぞまず、どこか草深い田舎の小学校で、子どもと一生を共にしたいと願うようになっていた。」

「後に、村の母親たちと語り合う機会を持つようになった時、いつも私の胸につよく蘇ってきたものは、この先生たち（日雇労働の母親などが訴える生活の問題などを真摯に聴き解決の道を考える丸山や牧などのこと）の事であった。毎晩、託児所の冷たい板ばりの上で、あの母親たちは幼い子どもたちをその膝の上にあやしながら、顔をかがやかして話を聞いていた。」

「近藤益雄の生涯とその教育・福祉の思想」・清水寛（『近藤益雄著作集』第七巻付録）

このような実体験を通して益雄は、教育愛を育て、土着の小学校教師として生きることを決意していく。

一九二七年三月に国学院大学高等師範部を卒業する。

【新任教師としての出発】

またもおこがましいことを言うようだが、益雄と筆者・永山は共通するものが多々ある。私も長崎大学時代に生活綴方サークルに所属しセツルメント活動に似た社会活動を行った。卒業時には、サークル活動の仲間たち・特に自治会活動者は県内での就職を拒まれ、京都等に職場を見つけざるを得なかった。私には五島福江島の三級僻地・樺島が赴任先として提示されたが、先輩達の教室実践を学んで教壇に立つ日を夢見ていたので、子供が居る所なら何処へでも赴任する覚悟はできていた。その実践は文集「めばえ」「やつで」に刻んでいるが、新任三年間、大波小波に巻き込まれ、悲しみや苦しみがあり、そして喜びがあり、乗り越えられたのは「生活綴方」という篝火を持ち、石原登美子という同胞と一緒だったことが挙げられる。

益雄も大学を出たばかりの新任教師、それに柴山えい子と結婚した時期である。やる気に燃えていたものの、心労はいかばかりであったろう。また当時の時代背景は「世界恐慌の波及と失業者の激増、ストライキの続出、農村の疲弊、教員の俸給不払や欠食児童の全国的増加、左翼的教員への弾圧と教員の労働意識の高まり」と、厳しかった。

益雄が最初に実践の目途にしたのは、まずは「赤い鳥」への投稿からである。教材に、「赤い鳥」、「金の船」なども用いた。一九二八年、童謡「朝のふみきり」が「赤い鳥」誌に初めて掲載された。

益雄は、五月には年齢二十歳に達していたので徴兵検査を受け、近視のため「丙種合格」で現役徴収は免れた。六月から翌年二月まで、佐世保市から約十キロ西方にある北松浦郡山口村立山口尋常高等小学校に代用教員として赴任する。受持ちは高等科二年男女組。益雄は研究会をつくり、「万葉集の相聞歌」や「赤い鳥の児童文学運動について」発表したりした。益雄は同校での自分の綴方教育について、

何せよ、東京から帰って来て詩や俳句ばかり書いてゐた私だったから、綴方も亦さうした色彩

だった。もし芸術主義的綴方といふ名称が許されるならば、その頃の私の綴方教育は正しくそれに相当してゐた。／鑑賞作品に白秋の短歌を与へたりしてゐた記憶がある。（略）まだ年の若かった私だったから、子供とよく遊び、よく食ひ、よく唱った。（略）半年の間に一、二度文集もつくってゐた。（略）その文集の中には、私のまことに子供らしい童謡や随筆や俳句なども入れて、まるで子供と私との合作みたいなものだった。一つの作品を踏台にして、明日への子供生活を展開させようなどという意図は私にはなかった。

（千葉春雄編『作品文・詩の処理に関する研究』一九三五）

と述べているが、高等科二年の子と、最初の学級文集『書の螢』を作成したり、自主的な研究会を作って仲間たちと研鑽し合った事実を見ても、子供の側に立つ民主的な教師を目指そうとしたことがわかる。また、次の歌は何と微笑ましいことだろう。生徒たちに囲まれた新任教師・益雄の嬉しそうな笑みがみえてくる。

ぐみの花　生徒とべんとうにする

（近藤麦兵）――「層雲」一九二八年一月号

【七月十九日――柴山えい子（一七歳）と結婚】

平戸から学校までは船や汽車を乗り継いで四時間もかかる。益雄は山口村新田に下宿し、土曜日の午後に新妻と母が待つ自宅に帰り、日曜に戻るという生活を送っていた。生徒たちは放課後は下宿に、また当直の夕方には学校へ遊びに来た。

（「福祉に生きる近藤益雄」P.98）

次の詩には、単身赴任で代用教員を務めていた益雄の生活と心情がよく表されている。

明日は土曜日

明日は土曜日――
窓の敷居にまたがつて
水田にたつやさしいさゞなみをみながら
さゞなみをひるがへるつばめをみながら
わたしはふるさとを思ふ
ふるさとの海を、海のさゞなみを
明日は土曜日――
明日はふるさとにかへつて来よう
ふるさとの海よ　海のさゞなみよ
さゞなみにちらちらする日のひかりよ
そのずつとむかふの町よ　町の煙突よ
煙突のうしろの緑の山よ
港町は夕方になると

荷あげ唄がきこえることだらう
おれんぢいろのともしびが花のやうにつくだらう
わたしは母とふたりで町に買物にゆくだらう
母はわたしのうしろから
わたしを眺めることだらう
明日は土曜日——
一晩どまりにかへるふるさとを
ひとりでおもふ
仕事のすんだ教室の窓から
水田のさゞなみを眺めながら

ところで、筆者である私も六年間の五島列島での教師生活中、土曜日になると、「白波」が気がかりだった。渡海船は欠航すると、新任地の樺島には一日一度の食糧も郵便物も届かなかった。時化が続くと島一軒の店の品は空っぽになった。だから、土・日と福江市内へ渡ることが楽しみだったし、海の向こうの「一晩どまりのふるさと」を思い浮かべる日もあった。

だが、益雄にとって幸運だったことは、えい子との出会いがあったことだ。彼女は生涯の伴侶となり、知的障がい児教育のバトンを受け継ぐ同志となっていく。

一九二八（昭和三）年二十一歳のとき、長男・耿（あきら）誕生する。（耿はその後、原爆死するのであるが）

【病気のため「依頼退職」】

代用教員を五か月間務めた頃、肋膜炎に罹患し「依願退職」となり、失意の期間を過ごす。益雄はのちにこの時期のことを次のように記している。

約半年間の療養兼貧乏生活がはじまった。／この半年は、私の生涯のうちで、かなり暗く陰惨な期間だったが、一方、私に人間の生命の尊さをおしえ、教育が生命を大切にする仕事とならなければ、何の価値もないものだということを理解させてくれた。／私がもしその期間を経なかったならば、あるいは、もっと性格のちがった――いわばもっと粗ほんな、うすっぺらな教師になっていたかもしれない。／思索と反省の機会をあたえ、読書に没頭する時間を用意してくれた、この療養期間。／しかしそれは貧乏に家族をおとし入れ、いつも絶望や不安や恐怖が、私の心をきずつけ、いためようとしていた期間でもあった。／それによって、成長はしなかったが、自分の本質にかえって、あたらしくあゆみなおそうという、敬虔な気持ちになった。／『代用教員』という名の先生の、わびしい挫折であったのである。（遺稿より）

そのころの益雄の自由律俳句からも清貧なる生活の様子を垣間見ることができる。

家裏のどぶが泡ふく生活

ひたすら歩み来て憩ふてゐる淋しい自分であった
おしめのよくかわくひよりのうぐいすよ

作文全国大会を、二〇〇九年に、長崎の地で（千名以上の参加を得て）開催したわけだが、目標の二本柱の一つが、近藤益雄の百周年、偉業を全国の仲間に知らしめる事でもあった。次男の原理先生は、八十歳と高齢に拘わらず、力を振り絞って奮闘。「文化の夕べ」の事前調査でも、益雄の赴任地を案内下さったが、夕暮れ時、益雄の当時の学校を案内して「ここは貧しい赤線地帯だった。つきよま（月夜間）には、船員で溢れた」と、つぶやかれたのを思い出す。

湯屋から戻りゆく妓も掘割りのさざなみ
桜の咲きそうな夕空をかへる女工達で

【病が癒えて、上志佐村尋常高等小学校へ】

病も癒え、一九二八年五月、益雄は北松浦郡上志佐村立上志佐尋常高等小学校の代用教員となった。平戸から船で志佐に着き、さらに渓谷に沿って六キロも入った山峡の農村の学校であった。月俸は五〇円、翌年訓導となり五二円に上がった。平戸の母に毎月一五円送り、残りの三五円余りで親子三人が生活したが、月末に益雄の本代などを支払うとほとんど残らなかったと、妻・えい子は記している。

益雄は同校に三年三か月間在職し、尋常科四、六年生と高等科の児童・生徒を担任した。そこは山村で、豊作貧乏にあえぐ農家がほとんどだった。いわゆる保証かぶりで一家離散、家庭崩壊、夜逃げなどさまざまな貧困の実態を見せつけられた。赴任した当時、全村がランプ生活だった。益雄は子どもたちに熱心に綴方を書かせたが、そこに表現されていたのは「貧苦、生活苦」であった。

特選　貧乏（びんぼう）　小4　久保川豊

父と米売りに行った。
米が安いから、
父はやっぱりがっかりした顔だ。
この金では税金は納められない。
近ぺんの金持ちから、
借って納めなければならない。
どうしても父はがっかりしたようだ。
貧乏はかなしい。
家の人数が多いからだ。
夕日が強く、
障子を通すのを見て、
ぼくはやっぱり思っている。

（北松・上志佐校〈指導〉近藤益雄）

「赤い鳥」の選者であった北原白秋は、この作品に対して、次のような寸評を添えている。

久保川君の「貧乏」また、貧しい生活そのままが、心理的に、根ふかく生かされてある。所謂プロレタリア芸術の正しい行き方を、この児童は大人のそれらよりは、よりよく真実に素朴に突っ込んでゐる。この頃の新興短歌よりどれだけいいかしれない。かういう詩もあっていい。夕日が強く障子をとほすのを見て、ことに切実にその貧しさを感じたのも鋭い。

（一九三一年十一月「赤い鳥」第二巻第5号）

一九二九年、六月には北方教育社結成（成田忠久ら）。東北の生活綴方運動が台頭してくる。そんな中、十月に『綴方生活』（小砂丘忠義主宰）が創刊され、以後、益雄も今井譽次郎や小丘砂忠義らの指導を受けて、生活綴方の実践に取り組み、文集「青竹」や「子供の詩」などをあらわしていく。この頃、綴方教師たちのグループはその力量を高めようと各地の実践家たちと文集や児童画などの交換を盛んに行った。交流のあった相手には、北方教育運動の国分一太郎や鈴木道太（宮城）らも含まれていた。

二、益雄と第一童謡集『狐の提灯』(上志佐小時代)

【第一童謡集『狐の提灯』の発行】

近藤益雄の最初の童謡集『狐の提灯』(全三十頁)は、彼が二十四歳になった一九三一(昭和六)年刊である。北松浦郡上志佐村の教師時代の作品である。同時代に綴方実践仲間だった国分一太郎は、この童謡集について以下のように評している。

益雄さんは「北方教育」や「綴方倶楽部」に、童謡や子ども向けの詩などしきりに発表していた。それらのことばが、どこか濾過をくぐりぬけてきたような洗練された、情緒に富んだ詩であった。それでいて、ものごとへの誠実な密着があった。わたしたちの手紙の交換がはじまり、益雄さんは、さまざまなものを送ってくれた。表紙がオレンジ色の童謡集『狐の提灯』も、わたしはもらった。北松浦郡上志佐校時代に、頴原(えばら)重雄・松本みね子さんらといっしょになって指導した高等科の詩もいくつかみせてもらった。それらの詩は百姓や漁民の生活の貧しさをうたう、その中の矛盾をするどく批判するものであった。そこにはくらい感じがただよっていた。益雄さんはそこでいくばくかの圧迫を受け、小値賀の島へ移ったもののようであった。手紙には即興の詩が書かれ、奥さんといっしょに加入しているらしい「層雲」風の自由律俳句がそえられたりしていた。

『近藤さんとの思い出』（昭和39年8月「作文と教育」・百合出版）に「弔辞」としてしたためている。

近藤益雄は、詩をかき、俳句をつくるような人間だったから、雑誌「赤い鳥」の芸術主義、童心主義に共鳴し、呼応していた。「赤い鳥」というのは、一九一八年に発行された子ども向けの雑誌で、自由で個性的な、子どもの心にふさわしい童話がのせられた。政府・文部省主導によって作られる子どもの歌「唱歌」に反旗をひるがえす在野の文化人らが作った歌である。日本のあたらしい童話の基礎をつくったといわれる雑誌で、野口雨情の「赤い靴」を代表例として、新美南吉の「ごんぎつね」、有島武郎の「一房の葡萄」や芥川龍之介の「蜘蛛の糸」なども、この雑誌に発表された。この雑誌の編集代表・鈴木三重吉は北原白秋とともに新しい子どもの童話と童謡を作ろうと呼びかけたのだ。益雄は、この「赤い鳥」の愛読者であり、投稿者でもあった。

【益雄と野口雨情】

ところで、私には野口雨情と近藤益雄に関する発見がある。その時、「おお！」と驚いた。なんと雨情の作品にも「狐の提灯」という同題の作品があるではないか。

狐の提灯　　**野口雨情**

狐の提灯　ポウポウポウ
狐の提灯行列　ポウ　陸（おか）は万作だ
天からお金が降って来る　浜は大漁だ
海からお金が湧いて来る
狐の提灯　ポウ　ポウポウ
狐の提灯行列　ポウ

（「金の星」山田耕作付曲・1926）

以前より何故、益雄は第一童謡集に『狐の提灯』という題を付けたのだろうという興味関心があった。だから両方を手にして、納得できたのだ。実践家はその時代の文化・芸術・教育思想・先人の遺業に影響される。益雄は無論、野口雨情の愛読者であっただろうし、感銘を受けていたであろうから。

二人の作品がリアルに目の前に迫って来た思いだった。

次に掲載するのが益雄の作品。

狐の提灯

狐の提灯　ひる提灯
雪がさらさらふりました

狐が親子でみてました
狐の提灯　ひる提灯
ともしてゆこかと　いひました
雪がさらさらふりました

新美南吉の童話「てぶくろを買いに」が彷彿と連想されるし、雪景色を眺める狐の親子が愛らしい。

ほかに同題で「かくれんぼ」（野口雨情）がある。

見えた　見えた　見えた／足（あんよ）が見えた／お顔かくして／かくれんぼしてる／／見えた　見えた　見えた
見えた／お手（てて）が見えた／お眼（めめ）かくして／かくれんぼしてる／／見えた　見えた　見えた／お顔
が見えた／お眼つぶつて／かくれんぼしてる。

益雄の作は、

かくれんぼ

赤い帯びした　あの子は鬼よ
夕焼とんぼよ　いつてみてごらん

とうきび畑の　電柱のかげに
赤い帯して　泣きまねしてる
夕焼とんぼよ　あの子が来ぬか
知らぬふりして　みてきてごらん

これは又、良寛の世界ではないが、子どもたちの鬼ごっこの様子が牧歌的である。筆者の小さい頃は、電信柱を軸に近所の子達と、かくれんぼや陣取り等を、夕方まで夢中になって群れて遊んでいた。「かくれんぼ」には益雄の優しさが滲んでいる。「知らぬふりして　みてきてごらん」という言葉、弱さを経験し、心に潜める者だからこそ他へそれとなく気配りできる温かさ。私が益雄に共感し合う点でもある。

雨情は、「童謡」について「童心より生発する言葉の音楽であり、自然詩でありますから、…単純化された表現の作品をみて、幼稚なものつまらないものと思ふのは、童心の欠けた人に多いのであります。」と童謡集『螢の灯台』に附記している。

【『狐の提灯』のあとがきから】

ところで、益雄の『狐の提灯』に戻るが、その「あとがき」には「一九三一年二月五日夜・上志佐村の農家にて近藤益雄」と記し、「この子たちがほんたうの農民の子であることは、はっきり申し上げます。地方主義文學など、やかましく言はれる今日、教育にも児童文學にもなにか示唆するところがあるかもしれないと思ひます…それから私の童謡を在京時代に於て『児童文学の研究』に紹介して、後にも先にも原稿料といふものを貰つて下さった、而も今度序文を書いて下さった成城學園の田中末廣先生に。…」と感謝の言葉が添えられている。

田中氏は序文で、

「近藤君は詩人である。仏蘭西の詩人フランシス・ジャムを愛する、純真な、そして素朴な詩人である。／そしてまた、君は教育者である。純朴な南仏蘭西の田舎で生活してゐるジャムのやうに、今、君も故郷で生活し、そして子供たちを教育してゐる。（略）君の努力は真にそれが詩への愛、郷土への愛をもって出発してゐて…詩の教育のみに止らず、郷土の文化そのものの啓培にまで発展することであろう」と称賛されている。

子どもも生まれ、生活は貧しく厳しくあったであろうに、実に益雄は、教育愛に溢れ、実践家であり、組織者でもあった。その上、真摯な暮らしの日々の感動を、克明に詩や童謡に刻んでいる。前回で、私が全国作文大会長崎大会（日本作文の会）を控えた二〇〇八年に、次男である近藤原理氏宅を北松・佐々に訪問した話を書いた。その折りに見せて頂いたのが、第一童謡集『狐の提灯』の実物。古くて薄い、手垢の付いたというか、黒光りのする貴重なもので、原理先生は、両手に大事そうに載せて見せてくださった。そう言えば、今は亡き美佐子夫人（元障害者共同生活の家「なずな園」園母四十年・二〇一三年没）も、病がちながら傍で微笑んで見て居らした姿が思い浮かぶ。

また、『狐の提灯』以前にも、益雄が大学一年時に初めて雑誌に掲載された童謡がある。

黍の葉

黍の葉／さやさや／日が暮れる
蟋蟀ころころ／黍畠（きびばたけ）
葉かげで／あたまが／見えかくれ
およぎの／もどりの／黍畠
蟋蟀／ころころ／さやうなら

黍畑のコオロギを可愛く歌っている。私の小さい頃にも、唐黍や黍畑・胡麻畑が身近にあり、採り入れを楽しみにしていた。また十五夜など季節を彩る行事が行われ、キャベツ畑等には、紋白蝶が、秋には蜻蛉がよく飛び回っていた。私より三十年位前の益雄の平戸時代は、もっと自然豊かで暮らしにも情緒があったと想像される。

昼の月

青ぞらで／ほのかに白い　お月さま
白い蝶々の／はねかしら
青ぞらで／ほのかに浮いた／お月さま
お庭の白い／花かしら

うなばらを／とんで疲れた　蝶々が
どこかに消えて／行きさうな
そよかぜに／ふかれて散った／花びらか
どこかにとんで／行きそうな

昼の月を、「蝶の羽」「白い花」に喩え、また、「どこかに消えていきそうな」「どこかに飛んでいきそうな」と儚げである。益雄の心に潜んでいた寂しさと不安なのか、それとも、恋人との逢瀬が幸せなだけに、しばしの別れに一抹の不安をみたのだろうか。同時代の金子みすゞの詩が彷彿としてくる。

次の作品には、「ほろほろ」とか「さやさや」とか「とろり」とか、擬音語や擬態語が使われている。大正時代の「金の船」「赤い鳥」等に掲載されるような幽玄的で、美しい歌である。

蜻蛉（トンボ）と蟋蟀

夕やけ蜻蛉／黍（きび）畑／
ほろほろ蟋蟀／胡麻畑
黍の葉さやさや／入日どき
胡麻の畑は／花ざかり
夕やけ蜻蛉は／葉のかげで

ほろほろ蟋蟀／花のかげ
蜻蛉は赤い／夢をみる
蟋蟀やとろりと／花の夢

「児童文学の研究」東京南光社、四巻一一号（1925）

【当時の社会状況】

さて、この時代の社会背景は如何なものだったか、益雄が『層雲』（1929）に発表した俳句には労働や工場などを素材にした、やや社会的性格を帯びた作品が従来よりは多くみられる。

蚊のくる飯をくつて今日も夜業へゆくのだ
子を負う子供もゐて田植のお日様
稲が枯れてゆくばかりの絶望に月がとんがつてゐる
やとはれてどろ田の牛にひっぱられて働く
鼠がごとついて貧しい夜に何か囓るものがあるのか

「豊作飢饉、保証かぶり、出稼ぎ、家庭の貧窮、家族の病気治療費のため学業を中止し「女工」になど農村の疲弊・困窮の実態をいっそう深く知り、生徒たちと苦悩を分かちあう。」生徒たちばかりか、高等科を卒業して農民として働いている青年たちも益雄の家に泊まりがけで勉強に来た。

益雄は青年達に万葉集や古事記などの講義をしていたが、すでに高等科の三年生になると、「改造」や「中央公論」を読む者さえ出てきた。青年たちは夜遅くまで語り合って、朝の暗いうちから牛の世話などのために帰っていった。そういう高等科の少年や卒業した青年たちで「青竹の会」というサークルができて、機関誌「青竹」をつくった。

(「私が歩んだ生活指導の道」/「生活指導」三号・1956)

ところがである。上志佐尋高小の教員になって四年目、益雄はこの村の教師としてさらに力を注ぎ、青年たちとも協力して村の生活と文化を高めたいという気持を強めていたとき、金子校長の後任として一九三一年の一学期に前任校を更迭された校長が着任。その独断専行の学校運営に、益雄ら若い教員たちは批判し抵抗したが、ことごとく抑えつけられ、益雄は突然、五島列島の北端の小値賀の小学校への転勤を命じられる。

益雄の第二童謡集『五島列島』
北方教育社(1934年6月)

三、第二童謡集『五島列島』（小値賀小時代）

【離島への不意転】

小値賀（おぢか）は五島列島の北部に位置する面積二十六平方キロほどの半農半漁の島である。

一九三一（昭和六）年九月八日、五島列島北端の北松浦郡小値賀尋常高等小学校へ不意転させられた近藤とその家族を乗せた小さな発動汽船は、荒波に翻弄されながら島へ向かった。三歳七か月の耿（あきら）を伴い、平戸港から二百十日のまだあおぐろいうねりが残っている「支々岐（しじき）灘」を小さい発動機にゆられながら、四時間以上もかかって小値賀島へわたった。船が激しくローリングすると、幼い耿は船室をころげ、えい子は嘔吐した。新しい命をえい子は宿していた。

（『福祉に生きる』・清水寛・P.124）

五島灘を渡っているとき、益雄（えきお）一家はどんなにか不安であったろう。だが一方、益雄の心には自分を待つであろう子供たちへのワクワクするような期待があったことも想像できるのだ。

島の學校

脱いで並べた父さまの
お靴の中にちりちりと
蟀（いとど）*の虫が鳴きました

學校の庭の松の木に
吹いてゐるのは海の風
白くつづいた天の河

はじめて泊る學校は
夜ふけの暗い教室が
ひつそり立つてをりました　（一九三一、九）

*蟀（いとど）はコオロギ

「はじめて泊まる学校は夜ふけの暗い教室が、ひっそり」と、寂寥感がひしひしと伝わってくる。まだ電灯はゆきわたらず、ランプの生活であったが、「天の河」は益雄を励ます。

朝

しづかに消える吊洋燈（つりらんぷ）
波のひびきが朝空に。
火屋（ほや）に鶫（つぐみ）がきえてゆく。

朝は明るい空がある。
朝は明るい雲がある。
火屋には綿雲浮いてくる

しずかに揺る、吊洋燈
土間には蜱（いとど）のこゑも澄む。
火屋に穂草明けてゆく。

朝は明るい風がある。
朝は明るい風がある。
火屋には潮風吹いてくる

（一九三一、八）

組織者でもあった益雄には仲間が港に迎えに来てくれていた。頴原（えばら）は高等科の担任で、かねてより「赤い島」や「綴方生活」を通じて益雄のことを知っており、益雄が転任してくることを聞いて住まいのことなども準備して待っていたのである。その晩は顗原に案内されて学校の宿直室に泊まり、その後は学校の近くの民家で暮らすことになった。

益雄一家は、どんなにか安堵したことだろう。

「朝は明るい空がある。朝は明るい雲がある。朝は明るい風がある。」と、益雄は小値賀の地で綴方教育の火を灯すのだという新たな決意に向かって胸を張る。

私もそうだった。赴任先は五島・福江島から渡海船で一時間ほどの三級地・複式学級のある樺島だったが、福江には片山圭弘・萬田(よろずだ)ツヨ子という五島作文の会の仲間達がいて、揺れる心情を支え励ましてくれた。

トマト畠で

五島列島、山の襞
明るく青く朝となる。
トマトちぎつて、
ほり上げる
ほり上げる

五島列島、山の襞

輕く夏雲ういてくる
トマトむいては、
かぢつてる。
かぢつてる。

五島列島、山の襞。
明るく白く帆が浮かぶ
トマトかぢつて
笑つてる。
笑つてる。

（「赤い鳥」特選四巻五号・一九三二年）

右の詩からは綴方教育に向かって動き出した益雄の胎動が「ほり上げる、かぢつてる、笑つてる」と、弾むように伝わってくる。島の暮らしにも慣れ、子ども達と一体になりながら教育実践に没頭していく益雄。そんな中で童謡集『五島列島』の作品集は生み出された。

ところが、刊行は遅れ、昭和九年・田平村小に転勤してからである。前述の国分一太郎の弔辞の中に、その頃の益雄家族の逼迫した暮らしと、それでも理想を追い続けて日夜教育活動に明け暮れる様子が伺える。

「昭和八年夏、秋田であった講習会に行って北方教育社同人になった。そこでまた、北方教育主幹成田忠久氏と親しく文通している益雄さんとの話題が増えた。童謡のすきな成田さんは、益雄さんの『五島列島』という童謡集を、北方教育社から出版してやる約束をしたらしい。…、成田氏に早く出すよう催促してくれとの手紙もあった。また三男の汪（ひろし）も生まれ、すっかり困っているので、北方教育社が裕福なら百円ぐらい借りたいのだがというような生活上の話もあった。私は益雄さんのそばにいて苦労しつづけであろうおくさんのえい子さんの姿を思い浮かべた。貧乏はこちらも同じであったが、益雄さんのあのようなまっすぐな教育活動のみへの傾倒では、ことさらたいへんだろうと思ったのだ。しかし北方教育社が計画した「印刷部」のしごとはあまりうまくいかず、『五島列島』もかなりおくれて出た。が、この集の童謡は本当にりっぱなものばかりだった。益雄さんが早く出したいというのももっともだと思った。そこには生活現実への肉迫と、益雄さんの内部をとおした力づよくゆたかな表現があったのだった。…」と。

五島

こゝは五島の岩の壁
海から日が射す、照りかへす
影は一つよ、鵜（う）が一羽
影が動くよ、鳶（とび）一羽

船の煙も翳(かげ)つては
風がしづかに消してゆく

日の照りつける岩の壁
こゝは島のうねり波

おうい　おうい　呼んでみな
デッキの上から呼んでみな　　（一九三二、七）

ここには、子ども達への働きかけが活発で、自信溢れる益雄の姿がある。このように、『五島列島』には、島の子どもたちへの愛着・交流が優しく、香り高く謳われている。

序文を寄せた千葉春雄は、「近藤君は枯淡で、生一本で、愛が純眞で、子供のままな玲瓏(れいろう)の心境をもってゐる」と紹介した。

また、藤田圭雄著『日本童謡史』（あかね書房、一九七一年）は、次のように解説し、位置づけている。

第四期の「赤い鳥」童謡で最初の特選に入り、新美南吉を口悔しがらせた近藤益雄は「赤い鳥」には一三篇の作品があり、特選になった『トマト畠で』は白秋の評は「清新で、溌剌としてゐる。それに油絵風の色彩も強い。」というだけだが、『五島列島、山の襞』にはじまるこの詩句の新しさと力強さは、この期の「赤い鳥」童謡にはない独自性を示している。

益雄童謡の中でも、馴染み深いのが「網揚げ」であろう。

長崎県作文の会では、例会がある度に歌ってきた。近藤益雄からバトンを受けた大村の、故・原田真市先輩（西大村中時代の筆者の恩師でもある）から教えられたもので、近藤原理氏曰く「僕が山口県から帰ってすぐの頃、北陸作文の会に父益雄と、妻・美佐子と参加した折、一緒に歌ったように思う」（二〇一五年十月談）との事。また、高知の「小砂丘忠義（ささおかただよし）」研究の竹内功氏も、第一回作文全国大会「中津川大会」（日本作文の会）で歌ったことがある事や、田中定幸氏（国分一太郎「教育」と「文学」研究會）からは、昭和八年に「北方教育社編」でだされた、『童詩新作曲』の復刻のコピーが手に入ったが、その中には、近藤益雄作詞の「麦の風呂入り」「貨物汽船」「風呂水くみ」「網あげ」の曲が載っていた事等、知らせていただいたことを附記したい。

網揚（あみあ）げ

えんさかほいや　と引き揚げろ
ぴちりぴちりと何かくる
海の底から、腕へくる
青い電氣がじんとくる

えんさかほいや　と引き揚げろ
朝の光が網の目に
潮の飛沫が　横面に
炭酸水の泡のよに

えんさかほいやと引き揚げろ
沖からうねりがどんとくる
何か力が胸へくる
ぐいと綱綱張つてくる

えんさかほいや　引き揚げろ
ぴちりぴちりと近くなる
何か光が見えてくる
魚の重味が、肩へくる

（一九三二、五）　『日本童謡集』北方教育13号 P.21

また二〇〇九年には、南浜伊作氏が、「近藤益雄ノート・童謡集『五島列島』を中心に」という優れた評論を「詩人会議」（十月号）に寄せてあるので「網揚げ」への寸評を紹介したい。

「浜の地曳網の労働賛歌である。島の住民総出で、お年寄りも子どもたちもふくめて網揚げをしたのだ、もちろん青年教師の近藤益雄もいっしょになって。島の人々の生活を知り、子どもたちを理解するために、自らすすんで入っていったにちがいない。いっしょに労働に加わることによって生活感情も共有できたのだ。リアルに見つめる眼が感じられるし、ともに労働した喜びがリズムとして出ている童謡だ。近藤益雄は労働を通して学び合うことを一貫して考え、実践もした。後の「のぎく寮」でも子どもたちといっしょに花や野菜を作り、お茶を摘み、茶もみもしている。」と。

ところで、『五島列島』の中でも私の心を震わす作品が、「寒い日ぐれ」である。益雄と生徒達が優しい微笑みを浮かべて仔牛を一心に眺めている。小値賀牛は小柄で黒色の気性は穏やかだが力が強く島民の野良仕事には欠かせなかった。学校の近くの民家を借りている益雄の家の庭先にも時折顔を出したそうである。ここでは、「僕らの先生」に成り得た益雄の姿が描かれ、心から安堵の拍手を贈りたくなってくる。

寒い日ぐれ

寒い日ぐれよ　畔道よ
べべ子がお乳をのんでゐる

山茶花白く匂ふ道
べべ子のすむのを待つてゐる
寒い海風吹く道よ
僕らの先生來なさつた

山茶花明るく冴える道
先生もべべ子を見なさつた
寒い日ぐれよ　畔道よ
先生さよなら　遠くなる

山茶花ちるのも寒い道
べべ子はまあだ飲んでゐる
べべ子＝仔牛
（一九三二、一二）

「五島列島」には他にも、「秋夜、きのこ、ぐみ、早春、白鷺、沼のゆうべ、雀の巣、島の墓、もらはれ小犬、白ゐんどうの花、おたまじゃくし、山桃取り、野崎島にて、ぐみの花、月夜の雲、宵祭り、鴨の子、かいつぶり、干柿　等々。」優れた作品は多い。

こんな童謡を子どもと一緒に読みあう益雄の姿は、「雨ニモマケズ」（一九三一年）を書いて自他の心をはげました宮沢賢治とダブって見えてくる。

烏賊つり船

菜漬でお茶ま、／さらさら食べて／／父さは烏賊つり／沖へ行つた／／沖にちらりと／消えさうな／／烏賊つり船の／灯がついた／／父さの船は／どれかいな／／濱に出て來て／弟と／／寒うなるまで／みてゐたよ　（一九三一、一一）

＊五島の夜の海は烏賊釣り船で燈が灯る。父さんの船はどれかな、沢山釣れると良いがなあ…浜の皆はたえず大漁と安全を願って待ち続ける。

田植

「母さあ　ややに乳おくれ」／／薊（あざみ）の綿毛つみながら／／僕は母さを呼びました／／「明日も早引してきなよ」／／濡れた蓑から乳出して／／母さは僕に言いました／／乳をのんでる弟に／／細かくかゝる霧の雨／「今ごろは圖畫の時間であらうな」／／僕は思つてをりました　（一九三二、六）

＊学校を早引きしなければならぬ寂しさと、母や弟への愛の心を詠う益雄である。

さて、小値賀時代に創作された童謡には他に、文集『勉強兵隊一号』に、童謡集「メダカ帖」がある。

月夜

暗い風呂小屋　カンテラつけて
誰が　いってる　湯気だけ出てる
月夜だよう
月夜だよう
遠くで誰だか　呼んでゐる

小屋の向ふは　明るい空よ
山椒の木からは　山椒の匂ひ
月夜だよう
月夜だよう
誰だか　笛吹いてゐる

今日　登ったあの山に
月がさしてる　ひっそりと
あんなにたのしく遊んだが

あんなにうれしく　さわいだが
今は　しづかに　みえてゐる

遠足すんだ　お月夜の
梨の青葉も　匂うてる

ここでは全国の綴方仲間への、益雄の連帯のお叫びが聞こえて来るようだ。益雄は、「童詩教育」、「北方教育」、「綴方教育」、「教育・国語教育」、「綴方生活」、「国・語・人」、など各地の生活綴方教育の実践者たちとの交流を広げた。それでも、彼らは遠方であった。東京の平野芙美子や、北方教育社の仲間たち、成田や国分や村山、そして高知の小砂丘忠義等への、「最果て・西の島に居るけれど、近藤益雄はここに健在なり」と。「遠くで誰だか　呼んでゐる」のは、益雄自身の咆吼する声であるような気がしてくる。

このように五島列島の雄大で陰翳（いんえい）に富む自然と小値賀島の歴史・習俗は、教育実践と創作意欲に燃える若い益雄を育み続けたのである。

一年七ヶ月の小値賀島での実践は益雄本人にとっても満足いくものだったにちがいない。「月夜」を読むと、「あんなにたのしく遊んだが、あんなにうれしくさわいだが今はしづかに」「山椒や梨も匂っている」と、感無量だったことが感じ取れるのだ。

四、文詩集「勉強兵隊」と童詩教育

「勉強兵隊」、この言葉に私は馴染まない。日一日と色濃くなる戦争の匂いを嗅ぐからかも知れない。勉強兵隊の児童作文には、「…佐世保軍港がみえて駆逐艦　戦艦　巡洋艦などが着いてゐた。向こふの海に着いてゐるのが戦艦陸奥(むつ)であった。…」と書き込まれてくる。そんなとき、益雄(えきお)も、海軍機が舞っているのを見つける。

野崎島にひる雲がおりてゐる。
草の穂をぬきながら僕はまっ白な海軍機をみた。
光る翼、日の丸の赤、まぶしい腹の銀いろ、
爆音が空一ぱいだ。
秋、新しく、涼しくて、白くて、くだもののやうな、
魚のやうな、その秋が来た。
まっ白な海軍機に僕は秋を見た。
海のまっ青なうねり、島瓜(うり)の白い花、秋が来た、

僕たちも、新しく、涼しく、ぴちぴちと　働こう。
その元気が、からだにみちてくるのが分るやうだ。

やらう、進まう、まっすぐ、つよく、へたばらぬやうに、
勉強兵隊！前へ進メ
何もない。僕らをさまたげるものは。

（「勉強兵隊一号」・北松浦郡小値賀校尋四Ｂ文集・1932）

一九二八年には、政治・思想犯などを取り締まる特高の要員を全国で拡充。一九三三年には小林多喜二が特高課刑事に逮捕され拷問によって殺されている。こんな焦臭い時代の渦中に近藤益雄は五島列島の小値賀島に居たのである。

従って、学校に於いても管理者の目は厳しかった。上志佐の校長からの「送り状」を読んだ校長は益雄に、「おれの学校に来た以上、君がいくら綴方じゃ何じゃというたって、絶対やらせんぞ。自由はゆるさん」等々言い渡す。

学級は成績順に編成されており、益雄が受け持たされたのは尋常科四年Ａ組〈劣組〉と呼ばれ半ば放置されていた学級。

（『近藤益雄』清水寛　再引用）

だが益雄は屈しない。前掲の詩の中の言葉のように、あえて、「何もない。僕らをさまたげるものは。」と…胸を張り、弱くなりそうな自分にも、綴方実践の仲間たちにも叱咤激励する。表現の自由を制限されながらも、実践に没頭していく。

「その生き々した眼、野の小鳥のやうな動作、そこには詩がありはしないか—否あるのだと云う心持が私の胸の中を熱くして来た。そしてこゝは島だ。豊富な自然の風物が先ず詩への情熱を取りかへさした。子供たちは自然を忘れてゐはしないか。郷土の自然の中に詩のあることを気づかないでゐるのではないか。そう思ふと、愈々私は詩の仕事、綴方の仕事、そして廣く郷土教育の仕事が此の子供達に働きかけてゆかねばならないと思ひ始めた。」

（「綴方教育」一月號・P.73）

雨あがり　　**鴛淵（おしぶち）　茂**　（尋常科四年）

先生だちと山道歩いたよ／じめじめする土
松と松の間を通ったら／青い松かさに
水のたまがついてゐた

「詩を書く時間」には宮沢賢治ではないが、教室の外に連れ出し、細かい観察の中で感動をひきだし記述させている。苦手だと言っていた子も、あおい松かさに「水のたま」を発見し綴る。

いちご　田口米八（尋常科四年）

みんなと／いちごを　とった／先生にもやった
先生は／　うまさうに　たべてゐる
僕も一つたべた／ひげのながいいちごをたべた

つい笑みが浮かぶ詩である。大好きな先生に採れたてのいちごをやると、先生はうまそうに食べてくれた。先生が身近に感じられる場面。

一人ひとりの子どもの良さを生かした指導の中で、子どもたちは踏ん張り、学力をあげていく。益雄も喜怒哀楽を共にする。

その様子が次の益雄の「ことば」の中にある。

私はぢつとしてはゐられなかつた。野原に行つた。濱邊に行つた。自然觀察をした。子供達は興味をぐんぐん深めて、その仕事をした。／子供たちはよく働いた。よく遊んだ。私は　子供達と共に働くことが、とてもうれしかった。

（近藤益雄「作品處理に關する覺え書」P.372）

こんな教育愛に溢れた日々のなかの記録である。

「私は四、五日前、幸ちゃん、登さん、鴛淵君、今津君たちと黒島にあそびにゆきました。黒崎君のお母さんがわざわざわたし船を出して下さいました。椿の花、松の花、つる草の赤い芽、かすんだ海、ぴょろろと鳴くトビ、漁に行ったあとのしづけさ――全くいい詩の心もちです。ほんとうに私はうつとりとして歩きました。ところが黒崎君は、今日は、沖へ鰤つりに行つたといふのです。お母さんのその話をきくと、私ははてしもない水平線をみわたしました。発動船の上でけなげにはたらく、わが與一郎の姿を思ひました。詩は――ほんたうの詩は、あの鰤をつりあげる仕事のしんけんさから生まれるのだと心ひそかに思ひました。…」と。

子どもたちの多くは貧しい漁師や農民の子だったが、野生と純朴さをもっていた。益雄は魅せられ、日記・作文などを毎日風呂敷に包んで持ち帰り、感想を添えて〈ガリ切り〉し、教材に活用していく。校長の監視をさけて夜半や日曜日などに謄写した文集「てんぐさ」、「朝の花粉」、とくに「勉強兵隊」は全国的に注目された。

（『近藤益雄』・大空社（清水寛）より引用）

前述したように二〇〇八年に、「文化の夕べ」の朗読劇シナリオ作りの資料探しに、高知の劇団「創」と近藤原理氏宅を訪れたとき、孫に当たる近藤真氏も座に一緒くださったが、その折、コピーして頂いたのが「勉強兵隊」全三輯（三二年九月～三三年四月・二〇五頁）であった。謄写版印刷で、詩や作文・益雄の言葉が細かく緻密に、ぎっしりもられていた。

一九三二年三月の教労事件で検挙された後も、文集「もんぺ」を発行していた山形の国分一太郎は、次のように弔辞で語った。

益雄さんが私に自分のつくった文集「勉強兵隊」を送ってくれ、…「勉強兵隊」は、もう全国的に有名な文集であり、それは黄色い薄い日本紙に印刷してあった。益雄さん特有の美しい文字で刻字されており、それにのっている散文や詩には、どれにも一種の香気というべきものがただよっていた。私の方の東北などにはみられぬ空の明るさが、子どもたちをとりかこんでいる感じであった。五島列島の小値賀島。波が白く岩を洗う姿が見えるようであった…、歯ぎれのよい詩を書いていた。キリシタンの墓のことなども、散文には出てきた。…

（昭和三十九年八月「作文と教育」百合出版）

それに、親子でもあり、師弟関係をも育んだ次男の原理（げんり）（小値賀で誕生）は、「勉強兵隊」の教育的価値について詳細に解説した。「地域に根ざした生活指導」「調べる綴方」の大切さが民間教育界のなかで実証されていた時代であった。

能力別学級の「劣」クラスだったというのに、よくもこれだけの内容、これだけの筆力と感じ入るのであるが、それはたんに書く力をつけるためだけでなく、「生活文化の向上↓貧しさからの脱却」へつながっていくものであった。

貧しさゆえ両親が働く。したがって「子守り」が子どもたちの大きな仕事となり、ひいては学校を休まざるを得なくなる。そこで父は教室の片隅に「保育コーナー」をつくり、子守りをしながらでも登校するようすすめた。何人もの子どもたちが赤ん坊を背負って学校へ通ってくる。それが育児の勉強にもつながった。学級文庫だって、子どもたちが自ら働いて得たお金でそろえていた。学級農園をつくり野菜を売る。そのお金で本を買う。裏の林で枯松葉を集め、浜の漁夫に売りに行く。漁夫はそれを焚いて浜に揚げた船の腹をいぶす。そのお金で学級文庫を充実させていったのだった。…

貧しさは病気を招く。皮膚病や眼病などはごくあたり前で、赤痢やチフスもよく流行していた。そんな時代だから父のクラスの文集には「共同井戸調べ」「迷信調べ」などの綴方がのっていた。それを手がかりにして地域の生活・文化を直視させ、衛生や健康についての学習をするのである。…このように生活教育を支えた生活綴方というのは、リアリズムとヒューマニズムの二面をもっていたのである。

（『この子らと生きて』）

彼は山口県で綴方仲間の美佐子と結婚し、後に、知的障がい児教育に携わった益雄を全面的に支えていくことになった。

さて、人間がどのようにきな臭く蠢めこうとも、島の風光だけは晴れた日はあくまでも明るい。従って子供たちの作品には巧みに島の光と陰が表現されてくる。それも簡潔な言葉選びの中で。これは多分、益雄自身が詩を書き、俳句を嗜む詩人教師であったからだろう。

益雄の自由律俳句の中でも広く知られる

「ヒョイと釣られた　どんこで　はねる」

は、小値賀時代に生まれたものである。一行詩とも見えるが、「どんこがはねる」だと、「どんこだけ」だが、「どんこではねる」なので、子どもたちも、益雄も「はねた」（喜び弾んだ）のだとその共に喜ぶ姿が見えてくる。ほかに、

「芽ぶく木の　町の空の鳩です」

春になった。空には戦闘機ではなく、「鳩」の象徴・「平和」が芽吹いて欲しいと願っている益雄の心底が伺い知れる。

二つの句は、「僕の句帳から」（勉強兵隊3）。

また、「薪がつちり組んで火をつけよう朝あけてくる」は、作文仲間達との自主学習の場面を詠っている。「福祉に生きる『近藤益雄』清水寛」より再引用すると、小値賀での親友だった頴原（えばら）重雄の証言が載っている。

「子供たちの作文を読みながら、興のおもむくままに思わず夜を徹した事も何度かありました。ふと気がついてみると、いろりの火も細まり、白々と夜が明けようとしている、そのころの生活中でよんだ句です。」と。

やはり益雄は、実践家でもあり、組織者でもあったのだ。

【赤い鳥特選になった児童詩】

ところで、「赤い鳥」誌にはなんと沢山の小値賀尋高小児童の詩が入選していることだろう。三二点あり、その中で特選に選ばれたのは、蛭子久治郎の「春さき」、浦広の「山のぼり」、久住呂孝一の「月夜」、黒崎與一郎の「月」、そして、次の「ぐみ」である。

ぐみ　　**博多屋鐵二（尋四）**

ぐみがうまい／にじがきえた／ぐみの枝をなげたら
たか（キリギリス）がないた／六島（むしま）が光つてる。

この作品に北原白秋は次の様な批評をした。

博多屋君の『ぐみ』は複雑な事象を簡潔によく處理してゐる。海岸で虹を眺めてぐみを食つてゐる子供。一つ一つ枝から指でもいで口に入れる。それをよけいなことを言はず初めからぐみがうまいと言ふ。…六島が向ふに光つてゐる輝きの中のぐみの味と子供ごころのさびしさだ。いい詩である。

これに対して益雄は、次のように指導過程を弁じた。

學校の後にある小高い草山にゆくと、小雨が晴れて虹が沖の小島の方へかかつてゐる。草はぬれて牛がうまさうに草を食つてゐた。この山はぐみが多いので、銀色の葉かげに、その日も祭の提灯のやうに、一ぱいふらついてゐた。子供たちがその朱の群生に氣づかない譯はない。（略）／「まづぐみを食つて來るんだ。食つたらそいつを詩にかくんだ。食つてしまつたら紙をとりにおいでなさい。」／子供たちは散彈のやうに私のそばからぐみのやぶへ駆けおりて行つた。（略）しばらくすると子供たちは、ぐみの枝をかついだり、口のはたを赤くしたり、「うまかつたよう」といつたりしながら、私へ手をさし出した。私は子供のくれたぐみを食ひ乍ら、まつ白い紙を一枚づつその手へ渡した。いい詩を書いて呉れと念じ乍ら。／まだぐみの匂ひがそこらあたりでぷんぷんしてゐた。

（「綴方教育一月号」・P.75）

筆者も「日本作文の会」に所属する綴方教師である。「すべての子どもたちに生活に根ざした書く力を！」がスローガンであった。近藤益雄は長崎県作文の会の創始者であり、先輩にあたる。従って彼の童詩教育が納得できる。子供たちに「生きる喜び」を与えながらの綴る指導、これこそ本物の教育なのだ。

詩作の具体例として、益雄の指導過程から検証してみよう。

（1）まず、外に連れ出す。実物に触れさせ、体感させ、生活化させる。ここでは「よく見て、よく聞いて、よく感じて、よく心を動かして」と念じている。

（2）感動の盛り上がったところで「記述」にもっていく。

益雄は、「まつ白い紙を一枚づつその手へ渡した。いい詩を書いて呉れと念じながら」と書いている。一人ひとりに自らの手で手渡している。子等を大事にする気持ちが輝く。美味（うま）かった体験や躍動した体験で、書くことが苦手な子等も、誰かにこの喜びを伝えたいと「ありのままに」、喜んで書いていく。

（3）私が真似できないなと思うのは、最後の「まだぐみの匂ひがそこらあたりでぷんぷんしてゐた」と言う箇所だ。益雄がいかに光や影、匂いなどの感性を大事にしていたか。

この言葉は作品の纏めに活かされていく。

このような綴方教育で益雄と子等の関係も深く繋がった。

小値賀（おぢか）には、題材は豊富にあった。その子等に素直に詠うことを、生活詩を書くことを促す。あみひき、かんころ切り等々。

雪の朝　神崎　権七　（尋四）

雪が風に白い／瓦に雪がだんだんつんで來る／わらたたきの音がしだした／かんころ切りのお母さんの手寒そうだ／かんころ切りの音、ざぶざぶ／私はわらをたゝいて父にやる／父はランプのはたで縄をなつてゐる／夜が明けて／ざぼんの葉は／雪の上に落ちてゐる

【歳月を超えて】

ああ、何と言うことだろう、「勉強兵隊」の子らの中には、召集令状を受け、ビルマ等で戦死し

た子等が居たのだ。

ああ何の縁だろうか、この島には奇しくも、益雄の孫であり、原理の長男である「近藤真」が一九八七年に小値賀中で教鞭をとることになる。そこで、祖父・益雄の教え子が、前述した、あの「黒崎與一郎」等が戦死していることを知る。『戦没者名監』を手にしたのである。

私の目の前には、近藤真発行の「島の教師日記」（毎日新聞・1987～1988）ある。ピンクの表紙で八七年四月から八八年三月末までの毎日新聞「島の教師日記」がコピーされて綴じられている。一年間連載されたものである。

その中ではっと目についたのが「島の教師日記」十七号だ。

「歳月を超えて」という見出しで益雄の教え子の戦死記事に真氏が愕然とした様が次のように記されてある。


授業で戦争の話をした翌日、S子が大きな本を抱えてきた。『戦没者英霊名監』。昭和四七年、長崎県連合遺族会発行。

小値賀町は二百五十九人の名前がのっていた。多くは二十代前半の若者だ。ずらりと並んだ遺影の中、はっと目をとめた写真がある。黒崎與一郎――ひょっとしたら…。

「勉強兵隊」を開いた。小値賀小学校尋四B組の文集で一九三二年九月の発行。生活綴方に取り組んでいた当時二十五歳の祖父益雄が編集した。

やはりこの子のだ！

「月夜　　黒崎與一郎」

つばきの木の下で／月を見てゐる
こほろぎのこゑがきこえる
家のものは／みんなねてゐる
向ふの梨の木が／枝をひろげて光ってゐる
一人でおきてゐて　とんぜんない（さびしい）
お父さんが／汽船から　おらんでゐる

――「赤い鳥」で特選に入った詩だ。……

「黒崎與一郎。二十三歳。漁業。昭和十九年ビルマ、フーコン方面に於て戦死。小値賀小学校卒。陸軍兵長。勲八等白色桐葉章。父徳治郎七十九歳。弟権之介四一歳」

これが英霊名鑑のこの人の記述すべてである。大きく澄んだ目。口元にあどけなさを残した青年はいない。しかし、心優しいこの少年の生命が輝いていたあかしは五十五年の歳月を超えて、今確かに私の掌中にある。

（「島の教師日記」十七号）

どんなに驚愕し、歴史の証言に心痛んだことだろう。真氏も益雄の孫、悲しむだけで終わらない。それを受けて、八七年八月九日には次のように生徒に「調べる綴方」に取組ませ、平和教育を実施、子供達に考えさせ告発している。そのことも「島の教師日記」に記されているが、毎日新聞で次のように報道された。覆いされていた戦禍の傷痕が公になった場面でもある。

親族に戦死者がいる者、全校二二四人中八五人、三八パーセント、驚くべき数である。家庭訪問で通された家ごとの仏間の鴨居には、軍服水兵姿の若者の遺影が、紋付き姿の老人のそれと並んでいた。

三年K男は『おじはこうして戦死した』と題して『輸送船が潜水艦の魚雷攻撃で沈没、その死際をまざまざと語った』

S子の『小値賀の空襲』は漁の最中に機銃掃射を受けた話等々…と。

（「島の教師日記」十九号）

戦争の暗雲は身近だ。私は深い哀悼の中で、子供達が再びこのような戦火に巻き込まれることがないように、平和を築く大河の一滴でありたいと願う。

と同時に、残念な悲運を付記しなければならない。「島の教師日記」の執筆者・近藤真氏は、不慮の交通事故に遭い、目覚の無いまま只今入院中なのである。父親の原理氏の悲嘆と悲願は計り知れない。痛切に伝わる昨今である。

五、リアリズムとヒューマニズムの道へ
――児童生活詩として長い詩を――（田平尋常高等小時代）

一九三二年に日本軍は満州国を樹立した。だがこの頃はまだ労働者階級のエネルギーは広がりをみせ、全国には「綴方生活」の小砂丘忠義（ささおかただよし）、「生活学校」の野村芳兵衛（よしべい）、「綴り方倶楽部」の千葉春雄等の活躍や、東北・北海道など文集を交換し合う心強い仲間達が居た。

『作品處理に關する覺え書』が手元にある。一九三五（昭10）年に執筆されたものだが、「明日の綴方實践への心構へのために、まつ裸になつて私自身の歩いて來た道を反省して置きたい」（P.349）、「過去の文芸至上から科学的実用的綴方へ建て直されてゆきつゝある。」（「綴方教育一号」益雄 P.89）と益雄自身によって、その歩みの実践が振り返られている。

小値賀小時代からもう一歩飛躍、自己変革を遂げようとしたのがここ農山村の田平尋常小時代であった。

『作品處理に關する覺え書』の巻頭詩には

日グレニナルト風ハマダ寒ク／學校ノ塵捨場ニハ
紙屑ガ白ク生キタモノノヤウニ動クノダッタ
コドモノ來ナクナッタ學校ハ
モウ墓地ノヤウナ荒（すさ）ミヤウヲ見セテヰタ
塵捨場カラ吹カレテ來ル紙屑ハ
コドモガ破リステタ圖畫ヤ綴方ノ切レハシデアッタ
オレノ受持ッテヰタ子供ノ仕業ニチガヒナイ
シカシコドモニハ、
アノ卒業式デ何モカモ終ツテシマッタノニチガヒナイ
オレモ亦コレッキリデ別レテユク、
ヒトリノ教師デシカナイノニチガヒナイ
日グレトナルウス暗ガリデ／ソレラノ紙屑ハ
ナニヲ嘲（あざ）ワラフノダ／オレノアシモトデ白クウゴキ
寒イ風ガトキ折吹イテユクノダッタ

後に知的障がい児の子等との取組みを綴った『この子をひざに』を彷彿とさせる彼独特の自省の深い詩である。益雄の優しく細やかな心根は終生変わらなかった。前掲した「作品処理…」の P.348 に、両親の顔を知らぬ教え子チヨに対して、

「私も七歳の時に父を失い、母の手一つで育てられて來たのです。親のない人の心もちはよく分かります。」（P.384）

と赤ペンを入れている。角に居る弱くて苦しむ子等を放っておくことができないのが益雄なのである。

そう、前年（一九三四年四月）に発行された『国・語・人』には自由律短歌として、自由と命を詠う『遠足』が掲載されている。

「こども　すべれ」　海の青さが眼へとびこんで来る日よ

こども　すべれ　この枯れ草の弾みに／何もない空の青さに　ぐんぐん吸はれてゆくこのこころをせめて明日まで拘束する　まい／このまつ青な鳥瞰図の中で帆船はあんなに羞らひつゝ　感情を白くする／あゝもうはるかかへるのたまごはびくりびくりとみずそこにうごく／こんなちいさなたまごにも　いのちがあつてあゝはるのくも　そらにうまれる

このように、ヒューマニズムの精神を持ちながら、今、リアリズムの道を探ろうとする益雄であった。

「生活をありのままに暴露した綴方」「取り上げれば、どれだけでも取り上げることが出來る程多くの問題を含む綴方であった。然るに私はその問題を取り上げてやつたか。そうではなかつた。」「子供への同情と共感とはあつても、その問題の山つて來たところを解明することも、亦それを如何に生活的に統制すべきかを指導することも私は出來なかつた。」「それは何故か。」「正直に言へば、私には生活原理の持合わせがなかつたからだ。」（同・P.365）

と振り返り、子どもを社会生活者の一員として認識し、「生活」「生産」「労働」の視点から実践を紡ごうとしたのである。

前掲の『作品處理…』（北方教育における佐々木昂のいう『作品処理は生活の処理』という考え方）86頁には

子供たちだつて、生活の中に詩を探すこと――生活を深める事によつて詩が生まれ、詩を書くことに拠つて生活が深められていつてこそ、童詩教育の意義がある。…

と述べ、自作した詩「鰯工場」を読み聞かせている。

鰯工場

春

日ナタノ石油タンク／動カナイ船ノ旗、白イ雲／ワイヤーヲ　ギリギリ巻ク男ノウデ／春ダ／発動機船ガ波止ノトツパナヲ曲ガツテユタ鰯工場ノ煙突ガグングン煙ヲハク／働ク人々ノコエガ海へヒビク／ナマグサイ暑サノ中カラ／働ク人々ハ時々海ヲ見ルノダ／ポンポンポント入ツテクル白イ発動船ヲ／仕事カラ立
上ツテ見テヰル／モウ春ダ

【影響を受けた詩人と長崎の仲間】

県内には文集「起重機(きじゅうき)」を発刊した松本瀧朗(たきろう)が居た。彼も小砂丘忠義、千葉春雄、百田宗治のもとによく文集を送り、力強い実践をすすめ、特に労働者の子弟らの作品を数多く世に示していた。益雄も村野四郎「堀(ほり)の向こう」「白い建物」等、労働の中にも美的表現といった先達の作品に私淑(ししゅく)したと推測される節が「郊外風景」の最終行「汗が花のように」に見られる。

勿論「百田宗治(ももたそうじ)」とは深い親交があった。百田は、一九一八年に創刊された「民衆」を契機として民衆詩派の一員として自由・平等・友愛のあたらしい社会的理念をうたい、また、労働を題材にして生産場面にあるもの、労働者の力を讃美し表現した社会詩人である。

地を掘る人たち　　百田　宗治

地を掘る君等／重い大きい鶴嘴(つるはし)を土の中に打ち込む君等
おお汗する君等／満身の力を一本の鶴嘴に込めて
それで生命の糧を得る君等／鶴嘴一本で愛する妻子を養ってゆく君等／おお君等の足の下
に何と土地が掘り下げられて／そこには既に大いなる洞窟がある／君達の鶴嘴の先に眠り

を／さまされてゆく埋もれたる沈黙がある、／怖るべき未発見が切り展（ひら）かるるべき未来…

（後略）

（詩集『一人と全体』一九一六年）

そして益雄の詩にもまた「鶴嘴」が登場する。

郊外風景

麦の穂の熱ばんだ波の上を／雲が閑雅（かんが）なさんぽをしてゐる

爽やかな五月の晴天に／掛ごゑをそろへながら鶴嘴をふりあげてゐるのは／鉄道線路の工夫たちだ／あんなに単調に、機械的に／絶間なく、はたらいてゐたら／いつかは幸福を掘りあてるであらうか／美しい汗が明るい日光に花のように匂ふてゐる

（「炬火」・曙光詩社・第四号　一九二六年）

働く者へ優しい目を向けた作品である。

百田宗治は一九三二年頃より文学者と綴方実践者とが連携して作文教育を推進するため、児童作文の指導誌「工程（こうてい）」に拠（よ）って、波多野完治、滑川道夫（なめかわみちお）らとともに綴方運動を始めた。

後（のち）に百田宗治は九州地方講演の折、益雄の元も訪れているが、「大村作文の会」を創始した、私の恩師でもある原田真市（しんいち）は「九州に講演に来た折、長崎の平和公園をぜひ訪れたいと言い、雨に遭っ

てその後病死されたので、仲間内から恨まれた。」と苦笑して語ってくれたことがある。

尚、同じ頃、五島で実践を紡いでいた中村不二男（なかむらふじお）の詩が、島原城前の武家屋敷資料館に掲げてあるのを発見したので付記しておきたい。——門出に贈る曲りがね抄　中村不二男——

旅たつ子よ

今日は祝いに一本の曲尺を贈ろう／表には　生産の目盛り　裏には生きる筋目を示す目盛
りが／この物差しには　刻まれている／／寡黙に　頑固に　律義に／この国道義の柱だっ
た　職人の子に／生まれたことに誇りに思うが良い／／新たな建　前の事始め／墨打ちの
木材から／木肌と年輪に多くの人の汗が見えて来る／小さな種つぶから苗を造る人　／　細
い　苗木にはるかな夢を託して育てた／製材所　運転手／材木屋　働く人たち／／大工が
いて　ブリキ屋がいて　建具屋がおり／左官　畳屋　水道屋　鍛冶屋　電気屋／その共同
営為の上で一軒の家が建つ／人の世の生業（なりわい）は網の目のように結ばれ合い／信頼する仲間と
の絆の中で／己の技が生きる

【飢饉に苦しむ子等へ】

ところでこの頃の東北地方は、一九三〇年代初頭の大凶作に続き、三四年に未曾有（みぞう）の悪天候に襲われて農作物は甚大な被害を受け、娘身売り・欠食児童などが大きな社会問題になっていた。零細な農業を営む家が多い田平村も例外ではなかった。

益雄は、一九三三年には尋常科六年生女子、一九三四年は男子三五名を加へて高等科一年生男女五十名の学級を担任し、詩集『雑木林』と文詩集『草刈隊』を発行した。

益雄と家族は村の農家の隠居部屋を借りた。村には電灯がなくランプ生活だった。耿(あきら)は小学生となり、三男・汪(ひろし)が生まれ五人家族となった。

田平尋高小の益雄の学級でも家庭が窮乏し、学校を休んで寒空を行商に歩く子がいた。また欠食のために腹痛をおこす子もおり、益雄は「使丁室(していしつ)」（用務員室）でそっと飯を炊いてたべさせたりしている。『福祉に生きる・57　近藤益雄』（清水寛）のP.159には、益雄の教育記録が掲載されている。

一九三四年七月二十日

きょうは、田上が欠。きのう体操の時、急に腹が痛いという。調べてみると、朝食、昼食共に摂っていないという。空腹のための腹痛なので、飯を炊いて食わせる。その食べる姿をみれば、暗澹たる気持ちになる。子ども餓えて何の教育ぞ。

寒い障子のかげで　貧しいひざをそろえ　この子

欠食児をここに寝かせ　飯焚かせることか

誰も来るなとねがいつつ　使丁室の暗きに　この子と

あの子だまって飯食って　いつかかえっていたが

——近藤原理解説遺稿連載2・(「作文と教育」一九六五年二月号)

一九三五年二月五日

きょうも右木はあきないに行って欠席。あんなに学校を唯一のたのしみにしているあの子に学校を休ませて、あきないにやらねばならないものは何か。

欠席してあきないに行っているお前に今朝の海は寒かろう
また雪が来そうな海峡を渡って行くお前か
お前の空いた席が目について雪の来そうな日のうすあかり

【東北の子等へも】

また東北の子どもたちの窮状についても話し合い、自分たちが耕作した大根を切り干しにして送っている。益雄は言う「子供達の生活建設の烈々たる意志から出発して記録されたものであるならば、実に力強い実行力を蔵しているにちがいない」と。

――「生活を観察する」千葉春雄編・一九三四年十月（P.108）

昭和九年、（国分一太郎　談）として

「東北は冷害大凶作であった。益雄さんからは俵（たわら）に一俵、小さな大根や菜の乾したのが送ってきた。」とある。

次はそれを実証するような教え子の作品、長い詩である。

大根畑で　　　　　　　　　　　　松本　ヤエ子（高等科一年）

大根よ　早く大きくなってくれればよいが／今　妹と二人で　肥をかけているのだ／早く大きくなれ／十二月には　私が引いて／飢饉の東北地方に送ってやるのだ／私たちは／山茶花のきれいに咲いた畑で／肥かけをしているのだ／こんなにひろい畑に／妹と二人で肥をやるのも／まだ小さい大根を大きくして／私がひいて　東北地方に送るためだ／東北地方の子どもたちよ／皆元気でいるのか／この大根を大きくしてあなたたちに送ってあげるよ／皆元気な子どもたちよ／今に　大根や芋を送ってあげるよ／晴天の朝の大根畑に立って／東北地方が見えるような気がする／何だかじっとしていられないような朝だ

（近藤原理解説「遺稿連載・２」）

【児童生活詩としての長い詩を提唱】

さて益雄の変革の手だてとして、「長い詩の提唱」がある。昭和十年、百田宗治氏編集の「工程」誌上で主張する。

――今の子どもたちに、わたしはまず生活を自由奔放にさらけ出させたい。言いたいことを言わせてみたい。言いたいことを言いたいだけ言わせるには、どうしても長い詩が必要となる。

――長い詩にあっては、偶然やちょっとした天分のひらめきはさほど役に立たない。もっと努力的な、もっと計画的でもっと素朴な、牛のような意欲的なものがなくてはならなくなる。長い詩はつまり直接的に生活詩のための形態である。長い詩をわたしが主張する理由は、やっぱり生活をうたわんがためであり、生活力の強烈な子どもをつくらんがためである。

（昭和39・8「作文と教育」百合出版）

その立証作品が「白い牛」や「私は百姓の子どもだ」である。

白い牛　北松浦郡田平校　下川一郎（高1）

牛よ、／白い牛よ、／お前は僕の家に五年間よく働いた。／おとなしかった白い牛よ。／かわいらしかった牛だったが、／もう、お前は十五、六年にもなるという。／お前が家を出る時／おばあさんは、ないていた。／出てゆく時、／僕はかいばをおいしくつくってやった。／おとなしくて、のろのろ歩いた。／白い牛よ、／お前は、この小屋をおぼえているか。家のようすをしっているか。／僕の目には、お前のすがたがまだ、はっきりとうかんでいる。／白い牛よ、／強く生きろ。／長く生きろ。／お前はよく働いた。／五月のいそがしい時も、やすまず働いた。／お前は放しておいてもにげなかった。／お前はいそがなかった。／それで、兄さんにたたかれた。／たたかれても、とびもせず、／ゆっくり、ゆっくり、働いた。／今は、どこで生きているか知らないが、／白い牛よ、／もっと、もっと、強くなれ。

さて私は手元に、一昨年（二〇一六年）発行され、日本作文全国大会・北海道大会の理論歴史分科会でも問題提起された北海道新聞釧路支社報道部勤務・佐竹直子氏の『獄中メモは問う』――「作文教育が罪にされた時代」の43頁を開いている。

学級文集「屯田兵（とんでんへい）」が掲載され、そのなかで担任の土橋明次氏（釧路の刑務所に拘禁）が、子ども達へ向けて次のように呼び掛けているのに目が留まった。

働くことを勉強しよう

私たちは、百姓の子だ。屯田兵の子だ。／百姓の村に大事なことはまず働くことだ。／私たちは、仕事をおぼえなくてはならない。／はたらき方をおぼえなくてはならない。／はたらく心を強くつくろう。／まず、はたらいた生活を、ぐんぐん書いてほしい。

（旭川尋常高等小学校5年3組学級文集「屯田兵」一九三六年十一月発行）

次のは益雄の指導した意欲的な作品だ。同じ「百姓の子ども」という語彙を使い、働いた生活を長い詩にしている。ということは、北海道から九州長崎の益雄の元へと文集が交換されたか、綴方雑誌によって学び合いが行われたか、連帯と仲間意識の中で実践が続けられていったことが憶測できる。

私は百姓の子どもだ　　**北松浦郡田平校（高1女）**

私は百姓の子どもだ。／私は早く起き／苦しんで作った麦と米をたくのだ／そして皆といっしょに朝食をすます／／小さい子どもは／私たちの起きたことも知らずに／ねている／お父さんは牛をひきだす／／牛は今日のひどい仕事もしらずに／息をはきながらでてくる／お父さんは牛に草をやる／肥取をからわせる／／私は畠に持ってゆく飯を用意する／姉さんは泥だらけになった着物に着かえる／私が泥草履をみつける間に／だんだん明るくなってくる／／小さい子どもは／寝床から起きてくる／そしてあかりの下にいって／飯を食う／後には飯つぶがこぼれる／／お母さんは叱る／こぼすなら飯は食わせんと／言うて叱る／子どもはびっくりして一つぶずつひろう／／私や姉さんは／もう畠に出る用意はちゃんとして／藷の下をくべて／いよいよでかけるのだ／／子どもたちは三人はそのあとで／仲よく藷をあげて食うのだ／その頃私たちは畦を掘っている／私は百姓の子どもだ。

【付記：敗戦後に再び目にしたもの】

敗戦後二年の益雄の軌跡を付け加えると、奇しくも益雄は再びこの田平村に中学校教員として降り立つ。そこで目にしたのが変わらぬ山村の貧しさだった。込み上げる悲哀と民主教育台頭への滾るような雄叫び。次のように詩作で訴える。

きみたちは知っているか

きみたちは知っているか／コの字形に石をつんで／その上を粘土で　ぬりかため／竹とわらとで　屋根をくんだ　家にも／子供が　いるということを／子供はすすけた目ざまし時計をよんで／ちこくをしないようにして学校へゆく／子供はちいさなかまどの上に／くろい鉄のなべをかけて／いもをたきながら／そのほのおの　あかるさで／日ぐれは　本をよむ／／きみたちは知っているか／その家の入口には／むしろだけがかけてあり／もう冬になる　まよなかの風が／そのむしろを　あふっている／子供の　ねがおの上で／その風がぐるぐるとまわり／子供が　なんども　咳をする／／きみたちは知っているか／そんな山の村の　ちいさなわら家に／勉強している　子供がいるということを／その子供に誰が一本の明るいろうそくをおくるか／その子供に誰が／一枚のあたたかい毛布をおくるか／／きみたちは　それを思わないか／冬になる風に　じっと動かないその子供に／だれが一冊の美しい本をおくるか

（写真記録『子どもに生きる』P.176）

一九三九年。世界史の上では、ドイツ空陸軍がポーランドに侵攻し、英仏がドイツに宣戦布告して第二次世界大戦が勃発した。次回は、そんな中でも綴方の火を灯し続ける益雄。北松浦郡田助（たすけ）尋常小時代の奮闘を紹介したい。

六、地域の文化を高めるために〝貧困との闘い〟

――児童生活研究所の創設――（田助尋常高等小時代）

中国大陸への軍事的侵略が泥沼化し、やがて日本が破滅的な大戦に突入する前夜、平戸にともった小さな灯は、信じられぬほどまっとうで、明るかった。

益雄は、一九三五年・二八歳の時、やっと故郷・平戸島へ、妻・えい子と三人の息子を伴って帰ってきた。島の最北部にある田助尋常高等小学校へ転勤になったのである。ほっとしたであろう。仲間たちが迎え入れてくれると故郷での実践は充実する。

私に於いても初任地の五島列島の樺島から有川、西彼を通り、故郷の大村に戻るのに十五年。孤軍奮闘だった地道な歩みが快諾され、組織立った取組みへと、視点を高めることができた。益雄は田助小に六年余り在籍する。月俸は五七円ほど。この頃の益雄の句集である。

これがふるさと、灯がひとつ港出てゆく
藻の匂い、わたしにもやはりふるさとがある
杏いろの雲も冬晴のこの島へくる汽船
赤ん坊の足までの陽のはいる梅咲いてゐる
虫が木で鳴く沖に漁火(よざり)が出ましたね

網船沖にゐて霧雨となる

（「層雲」五巻五号・1935／5）

俳句という短い詩形の中に「これがふるさと」と大事なことを見逃さない益雄、「赤ん坊の足までの陽のはいる」という、対象に対する目の温かさは、「虫が木で鳴きましたね、沖では漁にいそしむ漁夫が漁火をたきましたね」と、語りかける。それだからこそ、鮮人小屋の住民にも差別なく心を注げるのある。当時、佐世保軍港から平戸まで鉄道工事が盛んに行われ、「半島人」と呼ばれる朝鮮の子供達が居た。

ほたるの鮮人小屋の灯も海暮れてゐる

益雄一家が借りていた家は、オランダ商館があった辺りの高台で、平屋一戸建て。二〇〇九年に次男の原理（げんり）氏に案内して頂いたのは緑の草蔓に覆われながらも屋根瓦は黒光りし、玄界灘につづく平戸港が見おろせる位置にあった。通学した猶興館高校も質実剛健の門構えを今でも見せている。

ここで長女・ヨシが誕生、次女・協子、三女・晃子が生まれ、母・マスを加えて近藤家は九人家族となる。

桃の返り咲くのが和蘭堀の海も晴れてゐる

「新樹」（一九三五年十月号）

【妻・えい子の手記から】

さて今回は、妻・えい子の目線と手記で、志を同じくする仲間たちと、地域文化の向上の為に奮闘した実跡を辿ってみようと思う。

――〝より良き伴侶〟との出会い――

益雄の最も幸運なことは、生涯の伴侶となる女性と出会ったことである。妻となる柴山えい子は、北松浦郡江迎村に一九一〇年に生まれ、県立平戸高等女学校に入学。キリスト教に入信し受洗（プロテスタント）。詩集を読む文学少女であった。

「大正十四年、女学校四年の頃、近藤の美しい詩にあこがれていた私は、あくる春、卒業式を終わって近藤とあいました。それは三月三十日、春がすみに海も山もほんのりとしている時でした。二人は平戸口から江迎までかたをならべて歩きました。近藤は俳人柴田双之介さんの家まで、私はもっと先　江迎村猪調（いのつき）まで歩きました。西肥バスは往復していましたが、一日何回だったでしょうか、トラックなどもまれで馬車が荷を積んでいる頃でした。二人はその時が一番楽しく、うるさい人目もなく道ばたの青い麦畑で時々腰を下ろしてやすみ、ロマンティクな詩の話ばかりしました。」

（近藤えい子「…研究所の思い出」）

当時の益雄の自由律俳句。うっとりと幸せ気分になってくる。

ほたる手から手にうつして恋をしている
別るる日となりてごまの花のこぼるるや

一九二七年三月、益雄は国学院大学高等師範部を卒業。母の許(もと)で新婚生活を始める。益雄二〇歳、えい子一七歳。

満ちたかまりし海へおりてゆくパラソル
女の指に藻の実の鳴るの鳴らぬの

その後の、生活の苦しさは並大抵ではなかったであろうが、益雄夫婦は文学で結びついた同志であった。夢を描き、語り合い、その実現に向かって手を取り合い、歩みを深め広げた。その結晶のひとつが地域の文化を育てるための「子ども図書館」であり、「児童生活研究所」の創設であった。その元(もと)は、益雄が学生時代、桜楓会の巣鴨「細民」地区でのセツルメント活動を通して体得したものだったろう。

私も長崎大学学芸学部に入学して「生活綴方」に出会い、サークル活動・自治会活動をしながら、貧民街「アリの町」でのボランティア等で何がしか社会活動を学びとった。そしてこの事と綴方教育が弱者の立場に身を置く、その後の教師人生を方向づけたように思うのだ。

当時の益雄の写真が残っているが、澄んだ瞳に充ち満ちた青年教師の有体(ありてい)である。異色で微笑ましいのは、膝(ひざ)に我が子を抱いて写っていること。家族愛と同志愛に取り囲まれた理想的な輪のなかの益雄の姿であった。それだからこそ侵略戦争の軍靴が響くなか一滴一滴と教育愛を固い土に注ぐことができたのであろう。が、暗雲は津波のように迫ってきていた。

【貧困との闘い】

益雄は各地の綴方教師達と手紙や文集の交換を通して活発に交流し、質的な変化を遂げてきた。そしてこの時期、新たに北海道奥尻島の釣石(つりいし)小学校高等科の教師・阿部秀一を知って文通すると共に、文詩集『生活・島の子』『海に生きる』を読んで、「その強靱な生活感情に叩きのめされるやうだ」と評している。

（私信的文詩集印象記）「教育・国語教育」（一九三六年十月号）

そして、「こういうものと私はたたかいはじめた」と書く。「こういうもの」とは何か。前号で記した北海道や東北の綴方教師たちが投獄され、教師を辞めざるを得なかった（「獄中メモは問う」――作文教育が罪にされた時代）「貧困」であった。

冬景

農婦は食塩の如きものを冬空の下にまく。
いつも悲しみは白い。
痩せ枯れた土を刺繍(ししゅう)する青い麦の芽。
地平線。その外側に海が在る。

寒く収縮しながら農婦は今日も
港へ運ばれる行李(こうり)を見送る。
生活の土塊を蹴って、
寒い波止場へ集まる出稼ぎのむすめたちよ。

農婦一人食塩の如き肥料を白々とまく。
打ちつゞく畑地の中に埋まる太陽は、
今日も絶望の光芒を青白い月光を換へはじめた。

月よ。
食塩の如きものは白くして、白くして眼に沁みる。

――「教育北日本」(創刊号・一九三五年一月)

「冬景」に滲み出る母や娘の悲しみは子らの悲しみでもあった。

よそ者として〈芋くらい〉と軽蔑的な言葉で呼ばれている子ども、漁港のある地域で、海が荒れたとき避難して栄えた所で、遊芸に興じたりするため(芸者)と蔑んだ言葉を投げつけられる子ども、家船生活から陸上生活に移り集落を作っている人たちの子ども、食いつめて炭鉱地へ移動せざるを得ない状況に追いこまれている家庭の子ども、〈半島人〉と呼ばれ、偏見の目でみられ、差別的な扱いを受けている朝鮮人の子ども。貧困と差別の中に生きる子供達を人間として扱われるようにするためには新しい価値観を築くことが必要だった。

そこで、「子供たちに、真の生活を分からせるためには、どうしても父母がどんな生活をし、その生活のためにどんなにくるしい思ひをし、又生活のよろこびをもっているか、だから自分たちはどうせねばならぬかについて考へもし、実践をさせることだ」と屹立し、「綴方に即して、子供の生活に即して、話し合って、」学級文集「仲よし村」と家庭通信「心と心」を仲立ちにしながら、綴方教育を邁進していくのである。

例えば、学級には父母が忙しいため子守をしながら学校に来る生徒たちが居て、次のような詩を書いてくる。

登校の道　　**池田　エキ（田助尋小五年）**

シズ子をからってくるので、せなかがいたい。／シズ子をからってくるのは、お母さんたちが忙しく働くからだ。／私は自由に歩かれない。／みんなは学校がおそくなると言って走ってゆく。／私も走ろうとする。／私ばかりが、走らないではおられない。／シズ子走ろうや／シズ子をからって走るのできつい。／けれどもうちがいそがしいから／からってゆかねばならぬ。／春になって／きらきらする学校の屋根が、木の間にみえるので、／

私は元気になってかけてゆく。

それを見て、他の生徒の一人は「…どうかしてあの子守する友を助けないといけない…」という綴方をかく。それを、「登校の道」の詩と一緒に文集に載せ、皆で話し合う。このような綴方教育の継続のなかで互いを理解し合い、民主的な学級集団へと導いていったのである。

また、益雄は教室だけに閉じこもらず自ら地域に入り込んだ。宮沢賢治を彷彿させる場面である。

私は子どもの髪をきりそろえ、出席督励（とくれい）にまわり、共に畠をたがやした。畠からの生産と山からあつめてくる枯松葉とで学用品の共同購入費ができた。

（「のんき・こんき・げんき」益雄著作集5巻）

海の子どもたちの家には海が荒れた日に出かけました。家々に行くと、『先生、学校出すより、沖につれていって、あわびの一つでも、とらせたいので』『あか子を沖につれゆくわけにもゆかず、子守させなくてはならんので』「雨具をもたないので」という。それが欠席の理由でした。子どもをおぶって学校にくるようにし、教室の隅にござを敷いて、「託児所」をこしらえ、書き方の時間には赤ん坊をだいてやってオシッコをひっかけられたこともありました。赤ん坊が眠ると、自分の羽織を掛けてやる子もいました。

他方、益雄は町当局に実情を説明し、学区内に農繁期託児所を設置するよう要望し、後に数か所開設された。

清水寛は、益雄の田助尋常小での実践を『福祉に生きる・近藤益雄』（P.185）の中で、次のように纏めている。

（1）教師と子どもたちとで荒れ地を開墾し、イモ・野菜を作って皆で食べ、残りは町で売って収益は子どもが管理し、その用途を討論し、文集の紙代や学級文庫「瞳の本」の書籍・雑誌（『綴方倶楽部』など）代に使うなど、さまざまな労働の体験を通して〈畠の子〉、〈海の子〉、〈町の子〉が互いの気持を理解し、それぞれが持っている個性・能力を発揮することによって、友情を育て協力・共同と自治の力を身につけさせた。

（2）学級文集『仲よし村』（全十三号）、週刊壁新聞『仲よし新聞』を作成することによって、考え、書き、表現し、話し合いなどの学力・能力を高めると共に教師と子どもたちとの信頼と親和感を強めた。

（3）家庭通信『心と心』（全十五号位発行）、宿直の晩に宿直室で開く「母の会」、必要に応じて定期・不定期に行う家庭訪問による父母・祖父母を含めた教育・生活相談などを通して学級と家庭との連携、教師と子どもの家族との意思疎通を深めると共に、各地で教育紙芝居を演じ地域住民との交流をはかった。

【益雄の願い…教室から村の文化を変革】

「教室から村の文化への働きかけがなければならない。村の文化の苗床としての教室文化だ。村の文化を子どもの手で変えてゆくことが教育の仕事だ。」これは、近藤が深く自分の心に刻みつけた願いであった。そこで、益雄は、「児童生活研究所」の創設を思い付いたのである。

教師と地域住民と医者が一緒になって子どもの学習や職業指導、児童文化の問題、生活改善、保健衛生から性教育までを研究しあい学びあうユニークな組織であった。

これを拠点に、自宅に「子供図書館」を設け、地域に子供会を組織するほか、さまざまな分野の講師を招いて講習会を開く。同研究所は三九年八月、「平戸児童文化協会」へと発展する。

この様子を益雄の次男・近藤原理(げんり)氏も証言している。

> 昭和十三・四年頃だったか、私はよく父の学校へ宿直の夕食を届けに行き、ときには泊まることもあった。そんなとき、集まった地域の人たちと研究会を開いている父をよく見かけた。仕事を終えた百姓の娘さんや漁村のおっかあたち、港の造船所の工員さん、あるいはサラリーマン、町の郵便局長さん、お医者さん…そこでは少年非行の問題が、教育紙芝居の普及のことが、そして、ときには貧しさからの脱却のための育児調節のことが話しあわれた。(P.11～P.12)
>
> 『この子らと生きて――近藤益雄とちえおくれの子の生活指導』

「児童生活研究所」を充実させたい願いの益雄に、出会いが訪れる。県下の教員たちによる教育研究会「新樹の会」が三六年十一月に長崎市で開催された時、益雄は綴方教育の実践報告を行ったが、そこで松永健哉の「校外教育の講演と教育紙芝居」に魅せられた。文化や衛生の遅れた地域で苦労していた益雄には、「紙芝居をみて、あ、この方法だ！」と閃いたことだろう。

「…教育紙芝居など北松浦郡にまっ先にはやったのは、この研究所からであった。…十三年八月、郡教育会主宰の講演会に来られた松永健哉氏から技術教育の話をきき、紙芝居の実演など、一晩楽しく…（中略）こちらの会員の所から紙芝居は広がっていった」（近藤えい子「…研究所の思い出」）

益雄は自ら画筆をとって紙芝居の台本を描いた。このようにして農漁村の親たちと手を結び、子ども達に夢を与え、学力をつけてやることを試み続けたのである。

【弱い者・遅れた者への温かいまなざし】

『仲よし村』第一号に掲載されている表紙の詞（ことば）である。

なかよし村は、よい村だ／畠の子供に　町の子に／海の子供が　くらしている／／なかよし村は　なかよしだ／どの子もどの子も　明るくて／働くことが　大すきだ／／なかよし村は　四十九の／小さな花が　咲いたよな／子供の村だ　よい村だ／／なかよし村は　日本の／つよい子供の　ゐる村だ／力合はせて　くらすのだ／／町の子どもも　海の子も／村の子どもも　みんなこい　頭を上げて　がっちりと／共同自治の　旗のもと

（「近藤益雄著作集1」P.40）

のちに、この歌のことをかつて教え子の田畑トイさんが「近藤先生作詩の歌を、みなさんとよくうたった。五年生のとき、私は病気で欠席した日があった。学校から帰る途中の近藤先生は縁に腰かけられた。何を話されたかおぼえていない。枕もとにキャラメルがひとつ、そっとおいてあった。貧しい子を愛し、病める子をいたわられた先生だった」

（『この子をひざに』あとがき　近藤原理）

と述懐しているが、益雄の弱者へのいたわり方が滲みでて心惹かれる所以だ。他にも、次のように「遅れた子」に優しい。

［教へ子：直之］

どれほどのあたたかさ　かけてやったか　しょぼしょぼのめをした　あの子のはは　はばる　礼にきて／なにもできないから　おとつつあんと　くわんづめこうばの日ようとりに行くと　いつてゐるなおゆき　ひとに　バカにされても　ひくわんするなよ　といひきかせて　おれもさびしかつた／いまこそひろい葉たくましく　かゞやかに花つけようとする向日葵　このタネは直之がくれたのだ／朝鮮へわたり　工場で働いてゐる直之に　このヒマワリが　咲いた日にこそタヨリを出そう

（『福祉に生きる』P.197）

【仲間たちの召集と国策紙芝居への変身】

だが、戦火は身近に迫っていた。

「研究所も二年・三年と過ぎていった。支那事変後はだんだんひどくなり、街では子供達も「ワンさんまっててちょうだいな」と歌うようになった。

郵便代は去年から値上がりになり、森沢氏には軍医として二度目の応召、会員の犬塚幸靖氏（毎日新聞社記者）も中支に従軍記者として行かれたし、神田正美氏が行かれた遠い所の会員は会員未納のまま欠席ばかりで紙芝居は国策紙芝居となって…」

（えい子「研究所の思い出」）

この締め付けは、岡山にあっても惨（むご）かったという。

「一九三九年、津山市高倉小学校に勤務していた北原信一郎という先生が、突然、津山警察署から呼び出しを受けました。担任学級の児童が戦地の中国にいる兵士におくった慰問文の中に『今年は大豆のできが悪くて困ります』と書かれていたのが、現地の憲兵隊の検閲にひっかかり、津山警察署に通報されたのです。…最後に始末書をとられて、警察からようやく放免されました。その始末書は、『今後、綴方の指導はいっさいやりません』と、いう内容でした。…」と「おか山っ子の歴史」（2005／教員組合定期大会）にある。

【戦争の激化と研究所の終焉】

昭和十二年二月から十五年八月まで三年七ヶ月で児童生活研究所は終わった。

…戦争がひどくなり、集会の自由もなくなり、十六年の終わりには何も出来なくなった。そして三十円で買った大事な謄写版も終戦間近に或る部隊に借りられて、そのまま返らなかった。森沢氏、神田正美氏の戦死もやっと終戦間近にきいた程であった。　（えい子「研究所の思い出」）

こうした中で、益雄にも特高の監視がつき、企画されていた『子供と生きる』の映画化も、綴方教育の火も消されていくこととなるのである。

『綴方学校』に掲載された
教育紙芝居の広告（1939 年 8 月号）

七、決戦体制下の混迷と葛藤の中で
――「人間・益雄」を支えた短歌会（平戸高等女学校時代）――

四十八の心と心よ。子供たちよ。
もう鉄筆にぎる手もつかれてきた。
みんなはもう床についてゐることだろう。
どうだ。ふとんがうすくて寒いひとはゐないか。
お母さんと頭を並べてねてゐる子もゐるか。
ではゆっくり、おやすみ

益雄が女学校に転出する直前に出された『子供と生きる』の冒頭の一節である。この本は、一九四一年、特高の監視の下で追い込まれ苦悩している益雄を励まそうと、成田忠久（なりたただひさ）（童謡集『五島列島』の発行元）の配慮で出版された。このしみじみと子供一人ひとりの上に思いを馳せる澄んだ瞳が、ほんとうの近藤益雄の魂だったのである。

「子供は国の宝だと叫ばれても、村の文化がひくい間、ひとつもその叫びは子供たちを幸福にはしない」

彼の眼は、まだ、この頃まで確かな輝きを失ってはいなかった。

しかし、尋常小学校を「国民学校」と改め、「皇国民の錬成」の教育目的が強制されていく。国定教科書はさらに改悪され、「日本よい国、キヨイ国、世界ニ一ツノ神ノ国」「テンノウヘイカバンザイ」「キグチコヘイハ　テキノタマニアタリマシタガ　シンデモラッパヲクチカラハナシマセンデシタ」等のスローガンが大手を振って読本に登場した。また文芸作品の多くが発禁となり映画の統制も始まる等、言論・出版・集会・結社の取締令と、雁字搦めの戦時体制に取り囲まれていった。

人間が人間として生きるのに大変な時代になった時、私達綴方教師はどう生きればよいのだろう。主義を貫き通し獄死するか、尾行に耐えかねて満州や朝鮮や台湾へ渡るか、偏向するか。じっと耐えて春まで待つか。同郷の松本滝郎は台湾へ去り、「千恵子抄」の高村光太郎は戦争加担を悔いて、岩手の山奥に籠った。

また、『青鞜』を発刊した平塚らいてうさえ、社会的発言をしなかった。しかしその後、戦中の苦い体験・戦争に反対できなかったことを愧じ、自分の意思と言葉で考えたことを実践する道を選び、立ち直った。

三五歳で八人の扶養家族を抱え清貧の生計を立てていた益雄、生き甲斐だった綴方教育にストップをかけられた益雄。頼りにしていた高知の小砂丘忠義はすでに亡く、良心的で勤勉な教師たちが教壇から姿を消し（北海道綴り方連盟事件）、身近な仲間だった国分一太郎は治安維持法違反とされ、懲役二年執行猶予三年の判決を受けていた。

一九四三年になると、日本軍はマーシャル群島、サイバン、テニアン、ガダルカナルで敗退、アメリカ軍による第一回日本本土空襲が始まり、軍事教練、防空演習、学徒出陣、学徒動員令、女子艇身勤労令、中学生の勤労動員が決定された。

夜ふけて教へ子のことおもひゐしがいつか吾子の上に及べる

そして四五年には、長崎師範学校一年生の長男・耿（あきら）も、長崎の三菱兵器・大橋工場に動員されることになる。

このように、追い詰められた益雄の緊迫した状況と悲痛さを理解するために、田助尋高小の教員になって六年目の四〇年に遡（さかのぼ）ろう。妻・えい子の証言である。

【悪夢・特高監視の中で川棚高女へ】

「近藤先生はご在宅ですか」とひとりの紳士が訪ねてきたことがあった。「まだ帰ってこない」というと、「待たせてもらいます」と縁側にまわってきた。「いつでも先生はこんなにおそいのですか」「ハイ、いつも病気欠席の子供の家を見舞ったり、学校の仕事も多いのでしょう。それで帰りはいつもおそいのです」それからしばらく待っていたが、やがて帰っていった。おそく帰宅した夫にことの次第をはなすと「ハテ、誰かなあ…」という。翌日、帰宅した益雄は「あれは特高のMという奴だぞ。今日、校長室に朝からきて、昼すぎまでヒソヒソと何やら話していたぞ。用心せにゃ」というのでした。同僚教師のだれそれん所までいっては、近藤のことを聞き回り、彼の書いたものがあればと、借りていったそうです。手紙もあれば貸してくれとも。それを耳にした益雄は「文集もなにも、みな焼いてしまえ」といいつけました。

（『いとし子は…』近藤えい子）

文集は、昭和三年からのものを全部とっておいたので相当の量でした。交換文集も、木村寿さんの「土々呂の子」や、国分一太郎さんの「もんぺの弟」、平野婦美子さんの「太陽の子」など、各地からの模範文集がたくさん、そうめん箱や石油箱につまっているのを風呂の下に投げ入れました。知らぬ間に風呂の水は熱い湯になっていました。

おもいあまって田助小の校長にすがった。「近藤は、田助小学校より好きな学校がないのですから、…どうか転任などさせずにください。…ぜったいなにもわるいことはしていません」校長は「そんなことは知らない」といっただけでした。いかにも不人情な言い草だった。ごく親しい仲間の所にも、特高は立ち回っていて「近藤先生の本をお持ちでしたら貸して下さい。近藤先生の本を集めると、点数が上がります。点数かせぎですから貸して下さい。」といわれ、その人は貸したそうです。

（『いとし子は…』）

後日、ＰＴＡの会長が「栄転祝い」と称してやってきていいました。益雄さんは、警察から調べられた、ということだけで、学校の先生は失格です。当然、くびになるところでしたが、田助のこども達のために勉強はよく教え、婦人会の指導も良くされたので、栄転という形で女学校へ納めたのですから、今から自重なさるように。

（『いとし子は…』）

益雄自身も戦後、「暗い谷間」という見出しで次の様に回想。

学校での講演といえば軍人が講師として招かれた。二・二六事件（三六・昭和一一年二月二六日）のあとの二年間、私はその講師たちが、いかめしい顔つきで、刀をがちゃつかせたりするのをきくと、体が寒くなるのをおぼえた。（略）その頃、県からは『自彊(じきょう)生活』の強制があり、清掃奉仕、規律格守など細目がかかげられ、その文字の意味がわからなくても、『とにかく実行せよ』との命令がきた。教室にはその細目がかきならべられ、一途に戦争体制にはいっていった。

（「子どものなかからの生活指導――」『生活指導』五八年十月号）

このように逮捕・送検はされなかったが、益雄のように内偵・監視・聴受された者は数万人に及ぶという。

【平戸高等女学校に転出】

益雄は小学校教育に心を残しながら妻えい子の母校・県立平戸高等女学校の教壇に立った。そこで、国語指導の他に銃後の女子教育として動員学徒の引率職員として、川棚海軍工廠に魚雷を造る身となったのであった。

同胞の加藤十九雄氏（障がい児教育研究連盟理事長／1975／著作集2付録）は言う、

「私も同じところで学徒を率いて泥まみれで働いていたのであったが、その悲惨なさまは言語を絶するものがあった。彼の魂はたえがたい屈辱に泣き続けたにちがいない。」「この転進が、彼の精神生活に少なからぬ変貌を強要したことは否むことはできない。」

益雄が引率した東彼杵郡川棚町は戦前から旧日本海軍の軍事要塞だった。一九一八年、片島に魚雷発射試験場（今も残骸として不気味な姿で残存）、四三年には川棚海軍工廠が建設され戦争末期には、「震洋（しんよう）」や「伏竜（ふくりゅう）」などへの特攻志願兵等を含めて最高で五万人が住んでいたが、多くの若者が出陣し、三五一人が亡くなっている。

この片島の魚雷発射試験場情景は、島尾敏夫の小説『魚雷艇学生』第4章「湾内の入り江で」に克明に描写されている。

益雄は戦後間もなく、

「…六か年の女学校教育は、私にとって空白時代であり、またそうあらしめたい」（略）と書いている。

人生の負の部分で辛酸を極めた良識ある人の多くは、ひたすら光を求め、正義の道を貫こうとする。

暗黒時代を生き抜き得た教師たちは、その苦悶と反省に立ち「教え子を再び戦場に送るな」とのスローガンを高く掲げた。教育者は政治的なものに関わるなと、批判、処分されても断固として教育闘争を貫き通し、全国の労働者と連帯を組んだ。

城丸章夫氏は益雄の実践内面をより深く紐どき、

「その外被である天皇制イデオロギーも、こまかく検討すると、近藤流であって、当時の思想的潮流からみるならば、異端である。たとえば、孝行という徳目は家族労働を媒介とする父母との結合、および、生活向上をめざす家族集団への子どもの寄与としてとらえられ、身分制的にとらえる当時の潮流からは明らかな異端である。…人間への愛情、文化への思慕がイデオロギー的外被を突きぬけて存在している。」と、弔辞の中で正当に評価しようとしている。

（著作集2巻・「付録2」・故近藤益雄さんについて）

後輩である私も、城丸氏と同じように益雄の実践の中核には綴方教育があったとみるのである。それを証言してくれるのが、女学校時代の教え子・黒石登美子の次の短歌である。

ひき出しにまだしまひゐる先生の　指導受けたる短歌のプリント
赤ペンにてわれの日記を埋めくれし　担任教師こんどう先生
子供らのともしびとなる天職を　褒めくれしは益雄先生
先生の指導を受けてよく読むし　十五少年漂流記など
胸ふかくいたく師の名のあたたかし　近藤益雄はわれの守護神

益雄を取り囲む緊迫した状況は、芥川龍之介の描く地獄絵図如きものであった。そして、益雄の精神は汚濁に染まりたくないと叫んでいた。その証しと癒しが短歌であったのだ。

暗い時代を生きていく益雄。身の危険を感じながらも、追い求めたもの、心に灯をともし続けたものは何だったのだろうか、短歌をとおし短歌の向こうにあるものは…。

彼は二年生を対象に「短歌会」を組織し、会誌『潮騒』を発行。その創刊号の「はしがき」に益雄は次のように記した。

「ドイツには〈窓には花を〉という標語があるさうだが、私たちの生活にも花があっていい筈だ。陣中にも詩歌がある。私たちの忙しいあけくれにも「うた」はほしい。

『潮騒』は朝な夕な潮騒をきく学校に生れる短歌を集めたものである。今は貧しいスタートである。しかしとにかく歩みだしたのである。い丶ものに育て上げたいと思ふ。」

そして彼自身も、一九四一（昭和16）年・平戸高女の前半期（34歳頃）に、短歌を数多く詠んでいく。

出勤に暫し暇あり村に来て　白菊の花を買ひにけるかな

（石川啄木が志を達せず自分の悲運を歌った「友がみなわれよりえらく見ゆる日よ　花を買ひ来て妻としたしむ」（『一握の砂』）を彷彿させるが、菊の花であるのが悲しい。）

建物のはづてに海の冬寂ぶを　休み時間に見つゝたぬしも
（心も体も冬の海のように寒々と凍える日であったのだ。）

ときの間の暇を惜しみ　秋雨（あきさめ）の河面の鳥を見に来（きた）りけり
（短歌で自分の悶々とした葛藤を表出することで、どうにか人間・益雄を維持していたのかもしれない。）

みいくさに子は散りたりといふ家の稲を背ほひて我も運べり
（今でも福祉施設を訪問すると、九〇歳の方で、「諫早の高女時代、兵器工場などの動員はなかったけれど、銃後の務めで出征家族の農家の仕事の手伝いに行っていました」と証言される。）

満ち満ちて高まる潮や島蔭をめぐり流れつつたぎり立ちたり
（苛立ち滾（たぎ）るような思いを短歌で癒すしかなかった益雄）

【小値賀尋小時代の教え子の戦死がまざまざと】

その中で、ああやっぱり！と確認した惨（むご）い発見があった。「益雄を読む四」で小値賀尋小時代【歳月を超えて】として「勉強兵隊」の子の中にはビルマ等で戦死した子等が居たこと、益雄の孫の中学教師だった「近藤真」氏が「黒崎與一郎」の名を戦没者名に見つけて慟哭し平和教育を実施した事を記した。

この事実を益雄本人も知っていたのではないかと、この歌から思えて来るが、教え子の玉砕に魂の叫びを上げながら

「小値賀島の蛭子久次郎はわが十一年前の教へ子セブッツ島に玉砕す」

との説明を付して、次のような鎮魂歌を供えている。

海風にきたへはぐくまれし　汝が声太く　をらびつつ　突き入りたるか

〈＊付記しておくが、戦死した蛭子久次郎も、32年に「赤い鳥」四巻一号で「特選」になっている。〉

春がくる。／水仙のきない粉は、／黄色い白墨のやうだ／海には船がをるな。／手がつめたい。／水仙をとるのは手がいたい。／水仙の水が手にぽたつとおちた。

「尋四男A組」の〈てんぐさの子ら〉より

【召集で入隊】

平戸高女の校舎の一部は軍が接収、幾人もの男性教員が出征していった。つづく四五年三月には東京大空襲、そして六月、とうとう益雄にも召集令状が届き…。

そしてなんと大村駅前を行進する大村歩兵部隊の中に、益雄を見つけた平戸高女の教え子が居たのである。作文の会の会員でもある黒石登美子（現・県作文の会会員・八八歳）である。

黒石は長崎師範学校女子部の本科二年生（大村）として在学していた。二〇〇九年作文全国大会を長崎で開催した折、百周年を兼ねて「文化の夕べ」で『魂の教師・近藤益雄』をとり上げた。

先生にそっくりなる原理氏と真氏を会場に迎え雰囲気高まる

（その折、彼女は、「近藤益雄先生に捧ぐ」と短歌を機関誌「綴方ながさき」第三〇号（長崎大会記念特集号・2009）に寄せた。）

大村の路上を進む軍列に　兵なる先生の苦渋の顔ありし

→

（これに対し、益雄も次のように応えている。）

千人針の赤き結び目みつめつつ　はるかに恋ふるわが教え子を

はからずも教え子みたり会ひに来しに　二等兵われはひそかに会ひぬ

ところで、私（筆者）の家は大村練兵場の近くに在った。そして父も、大村歩兵四十六連隊の二等兵として満州へ派兵されていた。その当時の戦中の暮らし・生き様を「コールサック82号」(2015) に詩・「母」と題して投稿している。その一部である。

私の母はもんぺ姿のよく似合う働き者でした／我慢強くいつも優しい母でした…／敗戦濃くなった一九四三年頃には材木は軍に没収され　巷には手に入れにくくなっていました／母たちは　少しずつ少しずつ　車力（しゃりき）で運んで今の古家が出来たのでした／一九四四年　私はそこで産声を上げました／お乳も充分に出ず配給のきな粉で下痢を続ける私を抱きかかえ／母は空襲警報のまっさい中／岡病院の外でじっと待っていたといいます／父が満州に召集されている間も／兵隊さんや技師さんを間借りさせ／馬の飼い葉とりに多良岳へと働き通しでした／大村空襲ののひどかった頃でしょう／私たち親子が避難していた防空壕の周りも／焼夷弾で火に包まれた時　通りかかった兵隊さんのお陰で／命ながら得ているのだと／時に触れ　感謝の言葉を語ってくれます

また、近藤原理氏も『証言２００９』（長崎証言の会）に「兄・耿の原爆死とその前後」と題して以下のように告訴している。

…空襲が続き防空壕で夜を明かしたことも多かった。佐世保市街が燃えた夜、南の空がひどく明るかったのが想い出される。

昭和二十年敗戦の年、父（近藤益雄）は三十八歳で陸軍に応召、母は国防婦人会の防火訓練やガソリン代用の松根油採集にせわしく動きまわっていた。当時中学猶興館（ゆうこうかん）の二年生だった私は、農家への勤労奉仕や壕掘り、それに爆薬代わりの砂袋を抱え戦車へ突っ込む訓練までやっていた。上級生は軍事工場へ動員され、校舎の半分の空教室には船舶工兵の暁部隊が駐屯していた。生徒は校門の衛兵に敬礼をして教室に入っていた。春休みも夏休みもなかった。海峡を見下すわが家の庭先には、毎朝決まって数名の兵がやってきて小さな壕に陣取っていた。…

続いて高知の小砂丘忠義研究家の竹内功（八一）も証言する。

当時「本土決戦」「一億玉砕」「国体護持」の声に操られた陸軍兵士でした。土佐湾から上陸する米軍を予想して「対戦車肉薄攻撃」の訓練に明け暮れていました。海岸に自分で掘った穴から飛び出して火薬の木箱を抱えて高さ七メートルの戦火の下に飛び込む玉砕戦法です。戦争に反対する者は「非国民」の名で牢屋へ入れられました。

このような戦時体制真っ最中、益雄たちの部隊は米軍の九州上陸に備え、熊本県の山中に駐屯した。

戦友みなが相集まりてたばこのむその時われは歌しるすなり

（ひとときの休憩にも歌に喜びを感じる益雄）

一しきり機銃掃射の過ぎしあと　百日紅のあかあかと咲く
雨降りて暗き夕べは母を思ひ　吾子をし思ひまた妻を恋ふ
吾子が命生きてあれよとひたすらに　いのりおろがむふるさとの空

（二日後には入営しなければならない。えい子はせめて家族水入らずでささやかでも送別の餐をしようと、三菱長崎造船所に学徒動員中の耿に電報を打ち、また食料不足で、しかも全てが配給制の中、遠くまで出かけて尾頭付きの新鮮な魚を工面した。しかし、長崎から駆けつけた耿とは大村に向うために乗車する平戸口駅でほんの僅かな時間、面談できただけであった。）

せんせいを悲嘆の底に沈めしは長男耿さんの原爆死

（黒石登美子）

益雄は戦後（『教育』五八年四月号）に「私が応募させた、たくさんの女子挺身隊員の生徒が、七名も死んでいた。一名は空襲で焼死、他のものは結核でたおれていた。」と懺悔している。

出席簿に忌引きとしるす子の兄は　戦死ときくにこころただならず

八、短歌集『火を継ぐ』

―どうしたって黙っていられるものか　愛するものを死なしてしまって―

戦争が奪った子どもの命を、戦争が奪った全てのものの真実を益雄は赤裸々に日記や短歌に刻んでいく。それはあまりにも重い。

耿の死を悼む　（益雄『日記』一九四五年十月）

あすはおまへの誕生日／おれはつひ忘れてゐたが
さすがおまへの母は／ふと語り出ては泣く
さびしいなみだ／おれの胸を／あたらしく痛ませる

この道は　ちいさいおまへの手をひいてあるいた道
それもつひにゆめ／あゝ何もかも一瞬のゆめとはいへ
この道のべの　麦の青々とそよぶにさへ
まだ　おれの　おもひではあたらしい
なみだえおかんでなぜ死んだ／なぜ　ころされたと
ついに　かなしみはいかりとなる

あゝこの麦畑のはるかむかふよ／うめの花の寒々と白いのに／おれはしばしたゝづむ／／
あんまり晴れきった海は　おれの眼に沁みるやうだ
ましてこの海を／港へかへってくる船の舳（へさき）の白い波をみてゐると――
かへってくるものをみるのは
おれの悲しみの種なのだ
おまへの写真のまへに飾った紙の花は色あせてしまふのに日々おまへの記憶はおれの心に生々しく
今年の秋風は／この海から家のなかへと吹き通る
おれはかうしてかへってくる船を／いたいたしい思ひで　俺の胸に
かなしく迎へてゐるばかりだ

我が子に対する母親と父親との対処の仕方に違いはありながらも、益雄夫妻の優しい情愛が胸を打つ。

いま私は一九四四年の四月に撮影された「耿（あきら）」氏の遺影と対面し、無惨に人の命を奪っていく戦争に怒りが湧いてくる。唇は分厚く、やはり益雄（えきお）・原理（げんり）の面影を醸す十六歳の青年像である。軍服色の上着に名前布が縫い付けられている。

大戦末期の一九四四年十月には、徴兵年齢は十九歳から十七歳となり、一九四五年六月には男子は十五～六〇歳、女子一七～四〇歳の国民義勇隊が作られた。少年や中高年まで動員して本土決戦に臨もうとは、なんと残酷なことであろう。

そして、八月六日八時十五分——広島に米軍原子爆弾投下、八月九日十一時二分——長崎に米軍原子爆弾投下、耿(あきら)は原爆によって重傷を負い、二日後に無惨な死を遂げた。

【長崎の原爆詩人たち】

八月九日の悲惨状況を、長崎の原爆詩人等は左記の様(よう)に告発する。第二次世界大戦、長崎への原爆投下・戦後と続く状況の中での心揺さぶる短歌や手記、それに関連ある人たちなどの真実あふれる思いである。

十四歳で被爆した「山田かん」は、原爆の為に自死した妹を十字架のように背負い続けた。それは益雄が息子・耿を爆死させた時と同じ慚愧(ざんき)が漂う。山田の「原爆慟哭」ともいえる数々の作品は、妻・和子等の編集によって二〇一一年に『山田かん全詩集』(コールサック社)として刊行された。

……眼窩(がんか)より吹きでた眼球を見た/突きたち枯れる白い骨を見た/廃墟に流れる煙を見た/とめどなく嘔吐つづける/コブラのように揺れる蛇口を見た/転がる内臓の裏側を見た/走りつづけながら巻かれて死んだ/子供のまだ走っている脚を見た/炎天(えんてん)で祈るように座って死んだ/モンペの女を見た

(『十五歳』)

また福田須磨子(ふくだすまこ)も、「忌まわしき思い出の日に」として

「ああ　髪はそそけ　恐怖は天に立ち／服はさけ　ぼろをまとうに似て／顔を泥にまみれて地図を描く／見上ぐれば太陽は真夏の昼を／黒煙に　ただ真赤によどみ／広い校庭はまるで幽鬼(ゆうき)でも出そうな／サワサワと夕暮を思わすその寂寞(せきばく)よ／〝全員避難〟／／…火をふいている家　つぶれてる家／切断された電線　うめく声・声・声／友の手をしっかりと握って死の行列に続く…／のっぺらぼうみたいに見分けもつかぬ／うめき続ける人達の放つ異臭／水…水…　とうごめく姿は／あやしくゆれるローソクの光に／生きながらの地獄絵／…焔は長く赤い舌を出して／まるで悪魔のように荒れ狂うばかり」…と、『原子野』（一九五八年発行）で慟哭している。

その時の悲惨さがまざまざと浮かび、悲しみと怒りが込み上げてくるし、戦争を憎む心、平和を望む心が湧いてくる。

【敗戦と長男の死】

――長崎師範学校男子部本科一年生の耿(あきら)は、隣接する三菱兵器製作所大橋工場へ「長崎師範学徒隊」として動員され、八月九日、近くにある純心高等女学校の裏の土手に防空壕を造る作業中、原子爆弾に被爆（爆心地から約一・三キロ）。長崎本線の道の尾駅に辿り着き、列車で諫早駅に運ばれたが諫早海軍病院は負傷者で溢れ、二つ先の肥前長田(ひぜんながた)駅に輸送され長田国民学校に収容された。十日の夕刻、葉書の代筆・投函を依頼したが、翌十一日に絶命。享年十七だった。

一ひらのはがきとどきぬ散華して　既にむなしきこのたよりはや

一目だけ母親にあいたがっていたという全身やけどの長男が、とうとうそれもかなえられずに死んだという知らせをうけてから、私はその死がいがふる里に帰れないことばかり心配していた。

あその山　煙はみえず／草の色　秋めく夕べ
あゝつひに　逝ける吾子よ／そを知りて　胸のくるしも
われもまた　死なむと思ひ／夕風に吹かれゐたりし

（これは、妻から最愛の息子の原爆死を知らされ、望郷の念に駆られながらも、言い知れぬ虚しさと悲哀感に包まれて、熊本の山中でつくった益雄の詩である。）

…毎晩どぶ酒をのみ、そして泥のように私は眠ることにつとめた。あの時、部隊がもっていた銃器の菊の紋章をやすりやサンドペーパーで私たちは消して武装をといた。子を失ったかなしみと、何もかもなくしてしまうというなげきとで、いったい何のために、誰のために、こんな戦争をしたのだったろうと私は思い…

（「雨をききつつ」著作集7巻）

益雄は一九四五年九月二十日に復員した。

みほとけとなれる吾子の前に来て　いくさの服を今は脱ぐなり

命ありてかへりきし海よ　わが家みゆそのわが家汝はをらなくに

十月九日――長男の爆死から二ヶ月後の日記では、

原子爆弾によって耿（あきら）が傷ついたのが二ヶ月まえ。明日は死んだ日。胸の痛みは依然として変わらない。悲しみは深く、いとしさは更に強い。この気持ちを、どうすればよいか。……

（益雄著作集7巻付録）

父われの双手（もろて）に軽き汝が柩（ひつぎ）真昼明るき送らむ今は

ま夜中にいのちひとすじこほろぎの　なくをきけば　なんじのこほしも

あいつが好きだった巴里杏（ぱりあんず）が　なるのか　ことしもまっしろな花

ゆめに　つきが　うごく　おまへが　でてくる、と　かぜおと

胸を打たれる短歌の連続である。ところで、私は退職時にこれまでの平和教育の実践の歩みを「だれでもできる平和教育〝感動と表現の指導〟」（二〇一〇年発行）と表題して一冊の本に纏（まと）めた。そしてその中に近藤原理（げんり）の手記『兄・耿の原爆死とその前後』を大切に納（おさ）めている。その中から原爆投下直後の様子を原理（げんり）の言葉として記していきたい。

＊　＊　＊　＊

【兄をさがしに母と長崎へ】

…午後の早いうちに列車はゆっくりと道ノ尾から長崎市内に入った。浦上駅で降りた。まさに見渡す限り広大な地獄谷だ。たった一発で何もかも壊し焼き吹きとばしている。それまで私が理解していた一発の威力とは、せいぜい直径二、三十メートルのすり鉢状の穴でしかなかった。

周囲の山々は頂上まで茶褐色に焼け、目の前に瓦礫の原がひろがる。曲がった煙突、鉄骨だけの工場群が傾いている。まだ火を噴いている電柱もあった。この世とは思えない。道がありそうなところをあちこち歩きまわった。いくつもの馬の死体、そして人の死体も。煙が上がっている。聞くと人を焼いているのだという。壊れた教会の陰でひと休みしていると道ゆく人が「太陽が落ちたように一面七色に光って…」と瞬間を語ってくれた。新興善（しんこうぜん）国民学校にも行ってみた。…

【「埋葬番号12」の墓標に涙】

…わが家に着くと祖母あてに一枚の葉書が届いていた。

「前略。近藤耿君がけがをして諫早の長田国民学校に収容されています。ふとんを持って来て下さい。長田駅前　山田春一」

生きている！母と私はすぐ薄いふとんを一枚かかえまた諫早へ向かった。…八月十五日の早朝、山田春一さん宅をたずねた。…母が葉書を差し出すと、

「この人は十日に負傷者を運ぶとき知った人ですよ。父は応召で熊本にいるが、葉書を出せば誰か来てくれるでしょうから、と頼まれたのです。翌朝おかゆを持って行ってみましたら、もう藁の上で冷とうなって！」母も私も泣いた。長田まで生きぬき、葉書を頼んで息絶えた兄。

【何もかもなくした手に四枚の爆死証明】

益雄はその後の人生で一切「耿」の名前を口にしなかったという。それほど、悔恨と怒りと悔しさに苛まれていたのである。

妻のえい子と、「何か良いことをしなければ」と話し合っていた彼がまず手掛けたのは、証言集『火を継ぐ』の発行であった。原爆で妻と二人の子を亡くした俳友を励ますものであり、二度と悲惨な戦禍に見舞われたくないという切実な願いからだった。前にも述懐したが、私は益雄の生き方と痛く相通ずるものを感じとる。苦しい時、弱くなったとき、「誰か他の為に笑顔が生まれる仕事を為すこと」で我れも又立ち上がろうとする。

さて、二〇〇九年に第五十八回作文全国大会（日本作文の会）を長崎で開催した年、サブテーマにしたのが、「近藤益雄の百周年を刻むこと」と、「語り継ごう平和への願い」であった。

当時、長崎県作文の会顧問で全国大会の成功の為に頑張っていた浜崎均（二〇一四年没）は「長崎証言の会」の編集・発行にも尽力した。そこで近藤原理に寄稿を依頼。『火を継ぐ――原爆、絶対に許すまじ――』（『証言２００９』長崎の証言の会）誕生の経緯が掲載されるのである。

原理の語りは続く。「…そして一年後の九月、今度は兄の死に重ね合わせるように親友松尾敦之の『火を継ぐ』をガリ版で出すのである。占領下この類(たぐい)の報道はきびしく管理されていただけに余程の思いがあったに違いない。あの有名な『なにもかもなくした手に四枚の爆死証明』など四十七句が初めて世に出た瞬間でもあった。」

「当時は米占領下で個人の郵便物すら検閲された時代、とくに原爆に関する報道や出版は固く禁じられていた。松尾は明治三十七年、佐々(さざ)生まれ。ともに荻原井泉水(おぎわらせいせんすい)に師事する自由律俳句の仲間だった。長崎原爆で松尾は妻と三人の子を失い、学徒動員中の長女はひどいやけどで長く苦しんだ。私の父も学徒動員中の長男を死なせている。そんななかで出された『火を継ぐ』である…。」と。

こときれし子をそばに木も家もなく明けくる
臨終(いまは)木の枝を口にうまかとばいさとうきびばい
　(長男遂に壕中に死す、中學一年)
炎天、子のいまはの水をさがしにゆく
　(十一日、自ら木を組みて子を焼く、十二日、早暁骨を拾ふ)
あはれ七ヵ月の命の花びらのやうな骨かな
　(十五日、妻死す)
十八年の妻にそひねしてこの一夜明けやすき
　(十五日妻を焼く、終戦の詔(みことのり)下る)
夏草身をおこしては妻をやく火を継ぐ

降伏のみことのり妻をやく火いまぞ熾りつ
なにもかもなくした手に四枚の爆死証明
玉音あま下るすべてをうしなひしものの上
（――重傷の長女をみとりて夏より冬に至る）
一つもの子が着たり私が着たり朝寒
漸くとりとめた命と一にぎりの髪とひなた
（ふたり佐々へ行かむとし罹災配給の茶碗ふろしきに包みて）

震えるような想いで松尾敦之の『火を継ぐ』を読みすすめる。多くの人民を死に追いやってからの終戦。何故もっと早く止めることはできなかったのか、胸も潰れるような状況である。

私も二〇〇八年に原理宅を訪問した折に拝見。とても貴重なものの様に両手で差し出された。謄写印刷、Ｂ５判六ページの小冊子。字は分かるが綴じた紙縒りは切れかかり、まさに遺影の様だ。「火を継ぐ　松尾敦之著、平戸文化協會刊行」とある。発行は、昭和二十一年九月二十日。終戦の翌年に出されていた。

きっと益雄は血を吐くような思いで一字一字ガリ版に刻んでいったのであろう。そして、松尾の被爆短歌作品は、二十六年後、「原爆句抄」（昭和四十七年十月五日発行・非売品）で確固たるものになるが、その出発点は益雄の命を削るようにして作成した『火を継ぐ』にあったのである。

【受け継がれていく平和教育・語り部】

益雄は復員後、「平和教育・命の教育」を綴方教育・障がい児教育の大事なテーマとして採り上げていく。それに綴方仲間たちが続いた。そのなかで、次の二人の偉業を記しておきたい。

一人は、益雄と同じ時期に実践を紡ぎ、共に「長崎作文の会」の発足に尽力した松本瀧朗（詩集「起重機」発行）である。

台湾の小学校から戻った後、最後に勤務した学校が、奇しくも被爆中心地の浦上の一角に位置した長崎市山里小学校であった。ここではその日一三〇〇名の児童と二十八人の教師が亡くなっている。

「私は昼休みに、よく校庭の隅っこの花畑に来て、子どもたちと遊び土をいじったが、アメの固まったような半透明の結晶体が次々と出てくるのであった。（中略）それと一しょに十五年を経たあとでも白い骨のかけらなど出るのだった。あの日のことを知らない幼い子どもたちは、〈先生、これなんじゃろか〉とよく聞いた。…私は人類の敵、戦争の悲劇と、人の命の尊さをこめて、ピカドン物語をして聞かせるのであった。」

「この火、この真実は消せない。このひびきが、つぎつぎに次代の子らと教師にうけつがれ、拡大されていくことを私は念じてやまなかった。…それが私のささやかな、否、全身的なたたかいであった。」と瀧朗は昭和三十八年、退職を前に決意を語った。

もう一人は益雄の後輩にあたり、五島の地で綴方を紡いだ片山圭弘である。毎年、本土から赴任してくる若い先生方を大きな懐で包み育てた愛ある教師である。私も新任から六年間、五島作文の会でお世話になった。八十四歳。今も健在で、長崎県作文大会には毎回エールの短歌が届く。

彼は、原爆が投下される八ヶ月前に、故郷の五島に疎開して助かっている。

「8月9日。あの日、福江港のかなたの水平線が一晩中まっ赤に燃え続けていました。数日後、長崎に新型爆弾が落とされたことを知りました。親戚や級友、近所の人は爆心地が近かったこともあり、ほとんどが亡くなりました。父は叔父を訪ねて長崎に渡り、入市被爆しました。」と。

「過ちは繰り返さぬ」の世創りに戦争体験語る人生(みち)行く

命かけ「反核・平和」訴えつ逝きにし知己(ちき)の思い継ぎ行く。

(戦争体験を話すことが、生きながらえたものの使命だと、平和の語り部を行う。二〇一二年二月十三日には五島市富江中学校で「平和講話」を実施)

長き歳月(とき)数多(あまた)の命失いて生みにし「平和」皆で育てん

七〇年近く経てども消えやらぬ吾が身に宿る戦時下の様

このように人を愛し、平和を願った益雄の精神は、長崎の綴方(つづりかた)教育に引き継がれていると信ずる。「生活綴方」の重視するところは、生命の尊重、幸福追求の願い、人それぞれの個性や立場の理解、そして話し合いにおける相互の意見の尊重などである。

ぎりぎりの願いのために

くずの花のような　いじらしいことばをすてた
水引ぐさのような　ひそやかなおもいをころした／／
生きたいから／　ころされたくないから
びっこや　めくらや　手なしに　なりたくないから／／
そんな　ぎりぎりの願いを　いうために
形容詞　修飾語　間接法は／ごしごしと　けしてしまった／／
そんなぎりぎりの願いのために
たったひとつの　ことばがある
今のこの　いのちのなかに　ある／／
たったひとつの　ことば／「戦争を　やめろ」

ところが平和が来たと思ったのもつかの間、一九五〇年には再び朝鮮戦争が勃発する。それを知った益雄の怒りの詩である。

この叫びは、もっと広く深く人々皆(みな)が見つめなければならない、切実な平和への希求ではなかったか。

戦後の益雄は、教室の隅に居る子たちへ優しいまなざしを向け、知的障がい児教育に家族ぐるみで全身全霊を傾ける。

口石小「みどり組」、さらに「のぎく寮」（学園）「なずな寮」へと。慚愧の思いで妻・えい子と語った「何か良いことをしなければ」の実証だったのかもしれない。

のぎく咲く
なずなの道

Ⅱ

魂の教育者　詩人近藤益雄「戦後」

九、民主国家・民主教育建設への道①

――綴方復興・胸のおどること！――

益雄の正義感と繊細な優しさは、戦後の混乱の中で震え怒（いか）っていた。冒頭の次の詩はとても印象的。この後の不屈な実践の根底となる火種が沸々と燃えている。

いじらしい祖国

うつくしい海岸線が　くっきりと浮きだしてくる
白いレースのひだをひろげかける波うちぎわまでみえてくる
入江と岬と砂浜と、そして島々のあいらしい位置
ただこれだけで　おれたちは　これがおれたちの日本列島だ　と、あざやかに　せつなく　おれたちの胸に　えがきだす　ことができた
そんなにも清潔でうるわしくて、おれたちの魂であった
おれたちの日本領土／／
その日本が　その風土が　その魂が
理不尽なものの手によって／貪欲なものの足によって

血をすり　戦争を欲するものの手練手管によって
かきまわされ　足げにされ　うばいとられる／／
そんな話があるものか　そんな道理があるものかと
なんどもなんども　うちけしてきたのに／何もかもおそろしい事実であった／
敵がいたのだ。この日本自体の中にさえ／／
美しくきよらかな風物が　ぐんぐんどこかへながれさってゆくではないか／祖国とは　いじらしい呼び名
敵らの手でしめころされるもののこえごえ
その敵が　いたのだ／このいじらしい祖国のなかに

（著作集7・P.146）

第一連の書き出しの見事さ、日本列島をこれ程美しく表現できる益雄。それゆえ対称的な二連、三連の、全てのものを破壊尽くす戦争や理不尽なものへの糾弾の鋒先は鋭い。

【戦時中にいた女学校に戻る】

戦後すぐ、三十八歳になっていた益雄は平戸高等女学校に復員した。直後の教育記録を兼ねた日記には「女学校作文教師のうた」と題し、短歌一九首を書き留めている。

父還らず母は病むゆえ学業をすつるに今は悔いなしという
貧しさに退学せし子を思いおれば世を憤る心募り来
世を怒るままに　ふところ手して　寒い町

彼は一応元の女学校に帰ってはみたものの、毎日が砂漠の生活であった。軍閥、官僚、地主らに対する怒りは日増しに募っていった。天皇制、独占資本に投げつける罵声で、当時の日記は埋め尽くされた。虚無に陥ろうとする自分と必死になって闘ったのである。彼はこの苦悩の中で思想的に高められたと言ってよい。「プロレタリア・デモクラシー」ということばが、彼の日記に登場したのもこのころである。（著作集2・「付録2」）

諫早の芥川賞作家・野呂邦暢は

「私は実のところ日本人の無反省ぶりに愛想が尽きかけている。二百万余りの同胞を戦野に失った太平洋戦争とは何だったのだろうか」と嘆いたという。（「失われた兵士たち」）

益雄が、帝国主義戦争に協力したことへの厳しい反省をふまえ、人民の立場にたった真に民主的な教育を探求しようとしたとき、まず目にした現実は、

「私はわけのわからない、かなしみと、はらだたしさとで、食料不足の、はげしい飢えにたえて、教壇にたった」

が、そこには浅ましいばかりの教師の姿があった。

これも食べられるぶつぶつ摘んで　たそがれ

食糧難の中、労働による教育をも意図して、イモやカボチャを生徒に作らせていた。収穫するばかりになっていたその作物を、校長と一部の教員が夜中にどこかにもちだして隠すという、信じられない場面にも遭遇した。そのような退廃を許せなくて、仲間の教師たちと、生徒大会を開いて一切を明らかにしたこともあった。（著作集5）

ひとり木を切る寒くゆがんだ世の中

あるとき、県の教員適格審査委員会から出頭するようにいってきたことがありました。呼び出しの封書をわたしながら、「君、いよいよきたよ」と校長はいった。「君は戦時中に国防訓練や軍事援護をやっていたから、今度はあぶないよ」と忠言におよんだのです。ところが、開けてみると不適格者のリストづくりのための承認委託状だった。それをみて校長は、「近藤君まあよろしくやってくれたまえ。ぼくは職業軍人というわけではないのだから、よくいうといてくれ」と頭を下げたのです。校長は陸軍少尉だったので、リストに挙げる可能性があったからです。近藤が校長を軽蔑したのはいうまでもありません。（『子どもと歩く…』岡村遼司著・前出）

なにゆえのおそれぞ　どんこどぶにもぐる

痛烈な世情批判。人間の卑しい面に直面して、溝にも潜りたかったに違いない。しかし、益雄は未来を切り開く綴方教師であった。時代の荒波に揉まれながらも、子どもと地域の要請に応えて誠実に実践を貫いていこうとする。

どん底のこの生活にこそ学ばんとやがて少女は書きてよこしぬ

教え子たちの健気な姿にも励まされ、それが益雄をしてぶれない世界に置いている。

【民主教育の建設へ】

――一人が百だんえらくなるのではない。十人がめいめい十だんずつえらくならなくては――

四六年七月の「明るい学校」（民主主義教育研究会機関誌）の「創刊のことば」には、

「子供たちは新しい日本の希望である。少年たちや青年たちは、明るい平和な、民主主義日本の背負い手だ。…教育者、父兄、進歩的文化団体ーみんなが力を合はせて、十分に考へをねり、…新しい自由な教育を打ちたてる大きな仕事のために、支援と協力を期待する。」とあり、益雄は賛同し、呼応するように投稿していく。

【綴方(つづりかた)復興】

アメリカのプラグマチズムの教育の弱さを克服し、戦前の民間教育運動の遺産を継承し、発展させようとする教育団体が次々と誕生し、活動が始まった。優しさや温かさなくして民主的な教育、綴方教育は成り立たない。綴方教育が軽視されようとした時、益雄は「国語創造（寒川道夫主宰）№2」に投稿し、綴方教育復興に奔走する。実践によって乗り越えようとするのである。

「綴方復興――思えば胸のおどることだ。昭和十五年綴方についてのペンを折って以来私は暗い日本の片すみで、ほそぼそと生きてきた。…何という暴力が日本の子供たちを追っかけまわしていたことか。そのために綴方の世界もすっかり荒れはててしまった。今や人間の復興とともに綴方もまた復興されなくてはならない。私はそのために、誰にもわかってもらへるやうな――綴方論を書いてみよう。ひくいところから、しづかにあゆみだすよりほかにない。おもへば、あらしの夜は、ながかった。」と。(『作文と教育』・「戦後綴方教育の実践に学ぶ」2001)

読み手である私たち綴方教師にとっても、「綴方復興」は十字架のように深く刻まれた言葉である。同期の松本瀧朗(たきろう)も『いためる子らの生態』(昭25)で述懐している。「戦後、日本の教育は一変した。国語教育の時間は少なくなり、綴方は軽視された。どの本にも民主的な新教育の在り方や、技術的な方法の展開理論は、かくの如きものだと累々と説かれてはいるけれど、何だかまだ大きな穴があいてるような気もした。この日本の子供たちが、どのような正しい生き方をもって、どのように日本を再建していかねばならぬかの、大事な焦点がいつもぼかされ素通りされているような思いがするのだった。…」と。

このような先輩・綴方教師達の切望と努力に導かれ、励まされ、戦後の長崎県の児童詩・綴方教育は復興をはじめる。益雄の頑張りはすごかった。精力的に仲間を作り、サークルを興し、機関誌を発行し、先導していくのである。

益雄の『日記』(9月16日~22日・1946)である。

「私たちはよい子供を欲している。よい子供を育て上げようとしてゐる。(略)然(しか)しこれは今までのやうに国家のために一身を捧げる人間を作ろうといふのでは絶対ない。(略)こゝで私たちは明日のよき社会とはどんな社会であるかを確認しなくてはならない。これは私たち人類が歴史の必然的な流れの中で捉えなくてはならない命題だ、(略)真に解放された子供の姿こそ、よい子供の姿である。…それは子供に限らず一切の弱きもの、小さきもの、貧しきものの抑圧されない社会においてのみ本当にみられることを銘記しなくてはならぬ。人民の子どもは人民の社会に於いてのみ正しく生きるのだ。（略）子供が真に自由を与えられたとき、子供は素直なのである。（略）子供は子供自身のために教育を受ける権利をもつ。（略）真理と正義とに対して、子供があこがれ、従順であることこそ　のぞましい限りなのである。（略）大人はつねに子供のためには真理を語らなくてはならない。」

ここに、益雄の生涯変わらない理想の児童像・教師像がある。困難を乗り越えて得た教育の到達点であろう。

二月（一九四六年）には前回（第八回）報告したように「平戸文化協会」を結成。機関誌『平戸文化』の編集や松尾敦之（あつゆき）の原爆句集『火を継（つ）ぐ』を謄写（とうしゃ）印刷して同協会から発行した。

【おれたちの旗・連帯を組んで】

おれたちの旗　おしすすめる今年の青い空
炎に石炭ぶちこんでいくこの闘争よ勝て

「日本国憲法」が公布され、「一切の軍備を保持しない」と高らかに宣言された。日本は民主主義への大道（たいどう）を歩み始めたのである。六月八日―「日本教職員結成大会」（日教組）が全国から八百余名の代議員の参加を得て誕生した。

スローガンに、一、教育を復興し明るい日本をつくれ／一、国庫支弁により六・三・三制を完全に実施せよ／一、研究活動の自由と民主化を保証せよ／一、生活賃金制を確立せよ／等を掲げて新たな教育運動を展開していった。このような状況のなか、「二・一スト」は、二月一日（1947）に全官民公庁共闘のゼネラル・ストライキで、GHQの命令により中止されたものだが、この戦いの前線に日本の端々から心ある教師たちも加わった。益雄はこの時の正義の高まりを、震えるような臨場感でもって詩にしている。そして常に益雄の心を占める子等の立場で。

先生へおくる（「子供のための詩」二編中　その2）

頬つぺたが痛いように／雪まじりの風が吹く
ぢつと息をひそめて／目白を待つおれの頭の上で
まつ赤な椿の花は／一つの炎のように揺れる／／
あ／おれたちの先生が通る／何か深く考えこんだ顔で
しかし／がつちりした足どりで／おれがここにいるのも知らないで／／おれたちは今日も／三時間しか学校の勉強はない
先生たちはお昼から／町をあるき／こんな村の山かげを通る
おれたちにあうと／いつものようにやさしくわらう
おれたちはやつぱり先生がすきだ／あらしになるのか
山をゆすつてゆくものがある／雪まじりの風が／木々の葉を

ぶんなぐる／やぶの中にしやがんで目白を待つおれに
気がつかないで／おれたちの先生は／何か心につよくきめた
ような眼で／頭の上のまつ赤な花をぢつとみつめた／／
おれはやつぱり先生がすきだ／正しいことのために
正しいことをなしとげるために
私たちはたたかつているのだ——と／いつた先生
おまえたちと／ちよつとでも
はなれてはいたくないんだが——と／いつた先生
それがみんなほんとだ——と／おれにもちやんと分るのだ

——ゼネストの二、三日前（著作集7／P.89）

「おれはやつぱり先生がすきだ／正しいことのために／正しいことをなしとげるために／私たちはたたかつているのだ——と／いつた先生…」心揺さぶられる場面である。

「このように益雄は、敗戦直後の激動する社会情勢の中で、平和と民主主義をめざす新しい思想や運動の息吹を鋭敏に受けとめ、女学校教育の改革、地域教育・文化運動の創造、『綴方教育の復興』の提唱、全国的な民主主義教育運動への参加などを通して、新しい教師としての生き方を模索していた時期であった。」と清水寛（ひろし）氏も『益雄著作集』の中で小括（しょうかつ）している。

【手を取りあって村の文化運動】

四月（一九四七年）、平戸町立田助中学校へ教頭として転任する。教員は四人定員だが、一人は病気欠勤。校舎は田助小学校教室を間借りする状況であった。

新制中学校を「村の民意によって成長」し、「村の民意を高める学校」にしようと力を尽くす益雄。学校を地域のコミュニティの核にしようとする取組みには、今の日本社会が忘れている重要な点があるように思うのだ。

「…私は新制中学を一つの村の文化運動と考え、中学校は農村開発というか、郷土新興というか、そんな役目をもっている、（略）私たちが教室でやってゆく教育は、いつも村の生活に直接結びついていなくてはなりません。」と講演もし、その具体化として公民館を職員室に開設して館長を兼務。町に交渉して保健婦を一人雇い、村民の「健康相談」と「部落巡回」（妊産婦の指導、回虫駆除）を実施。巡回文庫を利用して図書館を設け村民にも開放。宿直の晩、村の青年たちと語り合う中で読書会や演劇活動にも取り組んだ。

また、田助小・中学校は同一校舎なので互いに往き来し、話し合う機会を多く持った。その中で小学校の教員たちから「児童詩の勉強をしたい」という希望が出され、益雄は五年生を対象に「春を探す詩」という題材で指導案をつくり研究授業を行っている。それを契機に小・中学校の教員と児童・生徒との共同で「詩の新聞　うたごえ」が作成された。その第三号は田助中学校ペンクラブ編で、益雄の三男・汪（ひろし）の、原爆死した長男・耿（あきら）を想う詩も掲載された。

停電の夜　　近藤　汪

電気がきえた／すうっと　さむい風が　ふきこんだ
ことぼし（小灯）の　火が　きえた
屋根の　あなから／雪が　ぱらぱら　と　おちてくる
ふと　兄の顔がうかぶ／こんなときにも／兄は　てっぱんの
上で／こつこつと　はたらいていたのだ
そして　とおいところで／静かに　ねむったのだ

当時の歌稿ノートを兼ねた『日記』には、他にも、児童・生徒向けに創作した詩「コドモ・ペンクラブ」「僕らのレポート」「あかるい教室」、「シュプレヒコール」「風の中に一ぽんのろうそくの火をまもるように」や、「風は　あたらし」「平戸海峡の歌」などが書き留められている。

【取り戻した穏やかな生活】

子を膝に生きる権利をわれ思う

幼子がつよく欲しがるゴムまりの遊びし店よただ見て通る三月（1946）には、四女・みち子が誕生し、「食糧不足の激しい飢えに耐えて、教壇に立った」（ひとすじの道・『教育』1958）と書くほど貧し敗戦直後の生活混乱の中、九人家族の生計は苦しかったが、穏やかな団欒を取り戻している。

父と子供たち

服は雨風にいたみ　足は泥によごれて／まっ暗な夜を　わが家に　たどりついてみれば／わが家には　あかりがともり／あかりの下に　子供たちは　あつまって／たのしげに　話していた

子どもたちは　父なるわがかえりを　よろこびむかえ／ぬれた服をぬぎ　足をあらって　あがったおれに／／　あかりは　ひときわあかるく　かがやくようにみえた／／　おれはそのあかるさのなかに　すわり／そとを　あれくるっている雨風を　もいちど　きいた／このまずしい　わら家を　ゆるがして／　あれくるっている雨風を　子供たちは　そろっておれのかおを　ふしぎにみつめたが　ふたたび　にぎやかな話になった

読み手であり、応援者でもある私達も、益雄の凍り付くような厳しい人生を思い返すと、ほっと癒される醍醐味である。

次の詩も子どもに寄り添うように優しい表現で書き表している。貧しい暮らしの中で、真っ白な豆腐は「なみにさらされた貝がらのように明るく」光り輝く。人々のため、子どものため、家族のため…その温かい眼差しは「真っ白い豆腐」に象徴されているように思う。

ゆうがた

はるさき、ときたま　ぬくいゆうがたがあると、
海のほうへかたむいた　いえへも
こどもがその手に似つかわしい、かわゆげなざるをもち
まっしろな　とうふを一ちょう　こうてくる／／
ざる（笊）の目から　したたりおちる水にさえ
かすかに　春めくゆうあかりが　きらめくのを
こどもは／ちょこ　ちょこ　と　こばしりに　はしって
おのれのいえのくりやへ　いそいでゆく／／
どのいえもくりや（厨）のいりぐちは　ほのぐらいのに
そのいえではその四かくなとうふの　しろさだけが
なみにさらされた貝がらのように　あかるく
はるさきの　ときたまの　ぬくいゆうがた
この海ぞいの　かたむくようないえで／こよい　家族たち
こどもの　こうてきた　とうふを
どんなに　こころしずかに　たべることか

庶民性が伝わる作品。ここで益雄が尊敬し交流していた百田宗治（ももたそうじ）の『味噌汁』を併記しておきたい。

「朝は味噌汁をすゝるんだとよ／くらいうちの／門(かど)さきを過ぎる豆腐屋をよびとめて／朝はどの家でも味噌汁をすするんだとよ——どの家でも／（／）鍛治屋のやうに火を閃(ひら)めかして／くらがりのなかで／味噌汁をすゝるんだとよ」

益雄は、戦前、戦後の苦難を生き抜くことで、何が大事なのか、何を目指すのか、胸に刻むことができた。どんなに苦しい生活の中にあっても、「子等のしあわせ」の為に、「教室の隅に居る子たちのために」、益雄の歩みは続いていく。

益雄と田平小学校の教職員。
前列中央が益雄（1948 年か 1949 年）

十、民主国家・民主教育建設への道②

〝益雄が夢みたものは〟貧しさからの解放、ゆたかさの建設

――学校を村の文化の源に　田助中教頭・田平小校長時代――

空襲に遭い、焼け野原になった貧しき庶民たちは、五年経っても、六年経っても、家を建てる財力はなかったし、焼け残った材木や焼けトタンで、かろうじて小屋を建てて子ども達を育てていた。

きみたちは知っているか

きみたちは知っているか
コの字形に石をつんで／その上を
粘土で　ぬりかため／竹とわらとで
屋根をくんだ　家にも／子供が　いるということを／／
子供はすすけた目ざまし時計をよんで
ちこくをしないようにして学校へゆく／／
子供はちいさなかまどの上に／くろい鉄のなべをかけて
いもをたきながら／その　ほのおの　あかるさで

日ぐれは　本をよむ／／
きみたちは知っているか
その家の入口には／むしろだけがかけてあり
もう冬になる　まよなかの／風が／そのむしろを
あふっている／子供の　ねがおの上で／その風が　ぐるぐる
まわり／子供が　なんども　咳をする／／
きみたちは知っているか／そんな山の村の
ちいさなわら家に勉強している　子供がいるということ
その子供に誰が　一本の明るいろうそくをおくるか
その子供に誰が一枚のあたたかい毛布をおくるか／／
きみたちは　それを思わないか
冬になる風に　じっと動かないその子供に
だれが一冊の美しい本をおくるか

益雄は足繁く通い、生活の様子を「すすけた目覚まし時計をよんで学校へ行く」「いもをたきながらそのあかるさで本をよむ」「風がむしろをあふっている家でも子どもは勉強している」と、その努力する様子を見つめている。

いまわしい戦中をくぐりぬけ、皆無に帰した敗戦後、今度こそはと心解き放たれた教育者・近藤益雄。心の温かさを持つゆえに、何処に目を向けるか、何をこそ大事にするか、それが見えた人であった。

ともしびのない村

一戸当たりの負担金がこわいので、電燈もひくことのできない村。
おれは、そのくらくて、ぼろぼろになり、傾いてくずれかけた家々のあいだを
身をそばだてるようにして歩きながら　何をしたらいいかを考えた。
何もかも　くらいことばかりだ。
つぶやく人間の愚痴と、うずくまる病人のなげきとに
ああ　せめて、ひとつのともしびとなりたいと思いながら
くらい谷間の　青い空をみあげたりした

（著作集5）

「貧しき者へこそ愛情を注がねばならない。この人ほど、教育を受ける権利を共有する」という視点で、人間の平等を基点とした。教育はそうした子を中心に見据えてこそ、総ての子に平等に接することができる。

自由律俳句でも、その心境を窺うことができる。

やせてあかづきしこがにぎりしめてみじかいえんぴつ

くすわかばのあさかぜをこどもたちてにてにくれおん

（短い鉛筆を握りしめてでも勉強しようとするその子の努力を見てとった益雄は、町の図書館から事辞典等を借り受け、巡回文庫を利用して図書館を設け村民にも開放した。）

くさしげりつきしろくこどもはだしでとおる

《益雄談》「私がある子供と話していたら、その姉が二年前に両股に腫れ物ができたが、それを放置していたら歩けなくなって今は寝たきりだという話を聞いた。また生徒と公民科の勉強をしたとき、部落に一ばんほしい文化厚生施設は何か——と尋ねましたら、一ばん多いのが「医者」でした。その次が図書館——私はいい暗示をあたえられました。」

（公民館を職員室に開設して館長を兼務。町と交渉して保健婦を一人雇い、村民の健康相談「回虫駆除など」を実施）

めがおちつかないこでぬすみをかくしこのつくえきずだらけ

（食べる物がなく、与える人も居ない。教育もなかったら盗むしかない。六・三制義務教育の意義を説き、通学を勧める）

この頃は、益雄と同じく弾圧・蟄居させられていた綴方教師達が息を吹き返し、新しい理念と社会観に基づいて教育の再建に立ち上がっていた。特に、『山びこ学校』（無着成恭編／1951）は生活綴方復興の機運を促した。益雄の校区と似通う、山形県の貧しい山村の中学生の綴方集であった。厳しい風土や労働の中からの生活を見つめ、何故貧しいのかと疑問をもち、現実を綴っていた。本の「まえがき」には坪田譲治が、「『雨ニモマケズ』の詩のなかにある「ソウイウ人」のような子どもたちばかりである。いやいや、あのような純朴心から立ち上がって、次の時代を築きあげようとしている…」と序文を寄せている。

益雄と無着との交流もあったようで、「直筆の葉書」が次男の原理宅に今でも大切に保存されている。

また、新潟県の寒川道夫が編んだ『山芋』。五十頁程の謄写版（私家版）の詩集を送ってもらっている。益雄は彼のヒューマニズムで鍛えあげた実践力に驚き、一九四八年に「大関松三郎についてのノート―詩集『山芋』による」と題して小論で評した。（「教育生活」1948年9月号）

この詩集（作者が誰であっても）は全国の綴方教師を奮い立たせ、「貧しさからの解放・ゆたかさの建設」へと、それぞれの地域で、果敢に立ち向かわせたのである。

尚、寒川道夫は、この『山芋』の「指導記録」の「7」に、「このころ、生活教育の進んでいた学校には、みな文集や新聞があった。そしてその文集を指導している先生が、お互いにそれらを交換して、学級文化の交流をやった」。一ばん多く影響を受けた文集として、国分一太郎の「もんぺの弟」（長瀞小）、平野婦美子の「太陽の子供」（千葉・市川小）、そして近藤益雄の「みつばち」（田助小）等々を挙げている。

（寒川道夫の学級では、小熊秀雄の「飛ぶ橇」から名を借りて「飛ぶ雲」という雑誌が発行されていたことを付記しておく。）

ぼくらの村

…広い耕地が…／いつもきれいに　ゆたかにみのっていく…／病人はだれでも無料で病院でなおしてもろう／そして体にあう仕事をきめてもらうのだ／…みんながたのしく働く／…こんなたのしい村になるのだ／…／貧乏のうちなんか　どこにもない／…／みんなが仲よく助け合い／親切で　にこにこして　うたをうたっている／…／学校は　村じゅうで一ばんたのしいところだ／…／こういう村は作れないものだろうか／いや　作れるのだ…／君たちとぼくたちとで作っていこう／きっとできるにきまっている／　…（後略）　（『山芋』）

益雄の前向きに子どもを捉える目が、無著と結びつき、寒川の『山芋』などに触発されて「村の生活に直接結びつく教育」「村の文化を大切にした豊かな村づくり」「子ども達を育てる土壌を豊かにしようとする発想と実践」をめざしていったのではないだろうか。

【夢建設に向かって】

さて、私は益雄が教頭になった時の、写真を眺めている。詰襟の帰還兵服でどうにか中央近くに位置して写っている。セーラー服や紺絣の中学生等とも一緒だ。校舎は古く、二階建ての木造で窓枠もガラスも壊れっぱなし。

もう一枚は田平小の教職員と一九四九年校長時代の写真。若々しく明日を見つめ気迫に満ちている。女教師が八名、男教師が六名、益雄を中心に「文化の大衆化」――みんなの力によって正しく美しくあたたかなものにする仕事――のために働こうという煌めきのなかで、円陣を組んでいるように見える。

一九四八年、益雄四十一歳。四月から五〇年三月までの二年間、北松浦郡田平村立田平小学校長に在職した。就任挨拶には、「教師は子どもの仲間でなければならぬ。たよりになるたのもしい仲間でなければならぬ。教師も亦子どもに対しては…ごまかしもうそもない言動をしなければならぬ。…」「今までの校長中心の教育から私たちの生活理想を中心とする〈学校運営〉協力でなくてはならない…そのためにはめいめいの胸のなかに生活の理想をはぐくみ育てなければならない。」そして、最後には「どの子どももみんな書けるようにしてやろう」（益雄『日記』／１９４８）と夢を語ったのではないだろうか。

益雄は児童たちからも学校の施設・設備への不満を聞き、飲料水を井戸から釣瓶で汲み上げていたのをポンプ式に改良したり、不衛生な便所を清潔にするための工事など、何よりも子どもの生命と健康に係わることから経費の捻出を村当局に求めた。

また、〈月夜の社会学級〉と呼ぶユニークな社会教育の実践をしている。それは夜道に灯火がいらぬようにと月夜に公会堂に集まって何でも自由に語り合う会で、会費は無料、青年を中心に老人や農家の嫁も自家製の漬物等を持って集まり、身近な農業に係わることから文化的な問題まで取り上げ、「毎月、人がいっぱいになり、夜が更けるのも忘れるほどに発展」（近藤えい子『のぎくの子らと生きて』未発表遺稿）したという。

これはもしかしたら宮沢賢治の「どんぐりと山猫」等の童話からヒントを得たのかもしれない。ユニークな夜長の社会学級である。昔の田舎では、幻燈（映画）会や地区の寄り合い、青年団の集まりなど多々あったように思う。昼は田畑で働くので、お嫁さんや若者などの自由な時間は夕食の後なのである。

益雄は休み時間や放課後に子どもたちと校庭でよく遊んだ。

原理（げんり）氏も「戦後、校長になっても、狭い校長室にはよく子どもたちが来ていた。遅れた子どもばかりを集めて教えることもやっていた。貧しい子や遅れた子たちにいつも心をよせていた父であった。…」と述懐している。（「この子をひざに」あとがき）

このように地域に根ざした民主的学校の創造をめざし、誠心誠意その責務を果たそうとした。

【しかし…矛盾にあえぐ益雄】

霜

額にひりひりとながれおちてくる月の光のなかに
霜はすでにむすびはじめたか／月夜の葱畑のしずかなじくざくの間に／霜はすでにするどく／花さく支度をはじめたか
天地四方　声をひそめて／月夜の雲のひえまさる音だけ
そしてひえきわまって／空気零度にいたるときの　この一秒の／きびしくするどい静けさを／霜は天をさし月をさして
きらめこうとするのか／生きるも死ぬも　この一瞬のこと
夜深くしてわたしのまわりに　むすびはじめる霜

（著作集7）

冷たく美しく、大宇宙の中で透き通ったような孤独に投げ出されている益雄。ひりひりと痛みが迫り、心打たれる。

益雄だって人間、弱点もあれば行き詰ることだってある。

『山芋』への小論の中では、「明るい夢は建設への情熱で、暗い夢は現実そのもの」「封建的重圧をはねかえそうとする力の筋金をその底にひめていることをわすれてはならない」と書いた益雄だが、苦戦・苦悩することが多くなってきた。

再び、益雄の自由律俳句から田平小校長としての後半期の心境を窺おう。

なんとか　なろう　なんともならない　とかんがえてどぶのなか
よるがきて　つきの　たかさ　はらのした　さびしくなる

己を卑下するほどに自省する益雄。読んでいて、思わずジーンとして涙が滲む。

わかりあうことのないとき

いつかしらぬまに／月のひかりが　卓のうえに　ながれてくるまで／わたしたちは　はなしあった／そして　よくわかったといって　わかれてきた／／
それから　わたしはひとりで／冬にはいったばかりの　きれいな月夜の／一すじみちをあるいていた／／
　わかったということはいったいどんなことなのだったのか月はわたしのうしろに　さえわたっていた／わかったということで　わたしはまたさびしくなった／どこまでいってもわかりあうことなどの／あるはずのない人間と人間／／
わたしのすきな月はうつくしく／やっぱりわたしのうしろに　だけさえていた／わかりあうことのないさびしさを
ただやさしくてらしていた

（著作集7）

「子供は子供自身のために教育を受ける権利をもつ」「大人はつねに子供のために真理を語らなくてはならない」等の益雄の信念はなかなか通じない。

他校の「促進学級」を見学した時のことだ。子どもたちの瞳に輝きがなく萎縮している。聞くところによると、反対されるといけないので親には了解も得ずに入級させているとのこと。「これはまちがっている。「こういう現実が私たちの生活の中にあることを悲しまざるを得ない。子供に暗い夢を見させないためにはこのような現実がこの社会からなくなるようにしたい」。

そこで親の理解と協力を得て、自校に楽しく学ぶ「特殊学級」を開設することを計画するが、担任を希望する教員はなく、指導主事も「時期尚早」と賛成しない。

益雄は「そこには全然相より相ちかづき、相容れることのできない世界があることにおどろかないではいられない」。(「どこまでいってもわかりあうことなどのあるはずのない人間と人間」というわかりあえない悩みは、想像を絶するものがある)

職場の民主化も進まなかった。また、校外に於いても、新制中学校の開設の場所をめぐって村の政争は小学校の校長である益雄にまで及んでくる。村の封建性は依然根強い。益雄は「くいとめえないものならその暗さを乗り越えていきたい」と願いながら純粋さゆえに痛めつけられていく。

これらの不本意なことの一端を「あえて言う」(「6・3教室」四九年四月号)と「暗い現実を乗り越えようとする苦悶の象徴」として訴え、益雄の亡き後、えい子が「地虫のはうごとく(5)―いくじなし先生の記」(『北海教育評論』65年10月号)に詳述している。

白い花

やっぱりだまっていればよかった／しぐれにぬれた庭さきの八つ手の白い花にも／こんな
しずかな冬がきている
それをだまってみまもっていればよかった
はなしあってわかることではなかった
やっぱりわかりあうなんて／できるものではなかった
土のうえにこぼれし八つ手のしろい花に
こんなにすんだ月のひかりもながれてきた／しょせんは人間こんな庭さきのひとすみの／
白い花のこぼれたのを
はいてはすて、すててははくような一生ですごすものを
やっぱりだまっていればよかった

（著作集7）

益雄は、分かり合えぬ虚しさのなかで、「どんこになって潜りたかっただろう」。…しかし「この
いきどおりを単なるいきどおりに終わらせないようにするにはどうしたらいいか」と自他共に問い
かけてくる。

『佐世保の町にきて　店さきに　たてば　雪がふる

びんぼうな　おれの耳たぶに
日ぐれの　かわいた雪が　ふる』

（同人誌「河」）

近藤家では長女・ヨシ子（六年生）、次女・協子（三年生）、三女・晃子（一年生）が田平小に在学。住まいは藁ぶきの農家を借り、間取りはやや広くなり、風雨の被害うける恐れは無くなったものの、通勤や通学には不便な奥まった場所にあった。電力不足の時代でしばしば停電し、嵐によって電線が切れたりしたため教職員に配布する資料の孔版印刷、原稿執筆はローソクの灯に頼らざるを得ないことが多かった。

貧しいゆえに欲しい物も買えず戸惑っている益雄。けど雪に清められて、愛の精神は汚されることはない。

佐世保の町で

佐世保の町にきて　店さきにたてば／雪がふる
日ぐれの雪がふる／／
子どもに　おもちゃと　お菓子と紙風船と
そして　おれも　本がかいたい／そうすると
かえりの汽車の切符を買うだけしか　のこらない
そんな　すこしばかりの金

あれと　あれと　かつて、あれを　あきらめて――
と　おれは　わびしい計算をする／／
佐世保の町にきて　店さきに　たてば／雪がふる
びんぼうな　おれの耳たぶに
日ぐれの　かわいた雪が　ふる

（著作集7）

加藤十九雄は、「この栄転は失敗であった。独創的な学校経営をしたが、生一本で酒もたばこもたしなまぬ綴方校長は、交際とよばれる手練手管に往生した。」（「国語の教育『近藤益雄・その人と業績』」１９６２）と書いている。管理者の道は益雄に鉄の鎧を着せるようなものだったろう。彼自身も後に「校長として（人情家の私は）適格者ではないと自覚していた。その椅子を去ることは…きわめてあたりまえなこと…。」（５巻）と述べている。

だが村の文化を豊かにしようと夢を描き、果敢に取り組んだ実績は大きかったはずだ。戦後、民主主義教育への大転換の狭間で、多くの教育者が苦労した。益雄の教育に賭ける命懸けの生き様がひしひしと伝わってきた。

だからこそ失意の中から鮮やかに見えて来た「大事な仕事」、「障がい児教育」という新しい希望。教室の隅にポツンと取り残されている寂しい子等が、しだいに灯りとなって益雄の胸に満ちみちてくるのであった。

十一、知的障がい児教育の歩み①「みどり組の誕生」
——これがほんとうの私のイス　あたたかな日のこどもがもたれてきたり——

若葉はのびる　みどりいろ／空から静かな　陽のひかり
草にかわいい　露のたま／みんな　なかよく　いたしましょう
子どもはのびる　みどり組／窓からあかるい　陽のひかり
へやに楽しい笑いごえ　／みんな　勉強いたしましょう

校長の椅子を自ら捨てて、一九五〇年、口石小学校に精薄児のための特殊学級「みどり組」を始めたとき、このニュースを伝え聞いた人々は驚き、さまざまな反響を寄せた。「近藤益雄はなぜ障がい児教育に入ったのか」。しかし、益雄自身には極めて明確な理由があった。

「精薄児といえども人間である。人間であるからには、人間が人間として享受すべき文化を、やはり精薄児も豊かに享受しなければならない。」

と、ラジオのインタビューで語っている。生活綴方教育で培われたリアリズムの眼は、精薄児の無限の可能性を信じ見つめる眼であった。どんなことをしてでもこの子らに人間としての条件を備えてやらねばならぬと考えていた。

秋の日なたに

こんなところに、おまえがいた／ジャングル・ジムのうしろの、ちいさな日なたに／土をあつめては、ちいさな手のひらにのせ、／それをこぼしては　ちいさな土の山をつくって　石ころのように　わすれられて／おまえが、いた／「何年生？」と　たずねても　こたえない／「だれ先生の組」ときいても　こたえない／いまは　授業時間なのに／教室から　にげてきて／そのよごれた手に／土をいじって　おまえがいた／／秋の日なたは／ほかほかとして　あたたかく／ジャングル・ジムの格子のかげは／おまえのうえで／すこしづつ　うつりうごいていっておまえは　とうとう　ほんものの石ころになっていた／／「せんせーい。せんせーい」／かわいいこえが、教室からは　きこえてくるのに／おまえは　石ころになってしまって　／すきな先生を　よぼうともしない／だから　先生もおまえをわすれてしまった／先生は　石ころなんか　すててしまった

当時の障がいを持つ子どもの状況や教育事情なのであろう。授業中なのに相手をしてくれる先生もいない。石ころのように忘れられた子ども。人間として扱われない、悲しさ、悔しさ、憤りを内に秘めて益雄は障がい児教育に奮闘していくのである。

【みどり組の誕生】

――木々のみどりのように、いのちあふれてのびてゆけ――

美しい心と美しい眼を持った光溢れる言葉がここにある。〈子を膝に生きる権利をわれ思う〉という言葉が益雄の教育理念であった。これは教育の本質をついており、一人ひとりと向き合いながら「人間」としての目覚めを促していくこと。生活綴方教育の原点に立ち返っての障がい児教育である。困難を承知で、乗り越えていく気力、確かさに圧倒される。

私はみどりいろがすきです。平和と安らかさと、そしてのびゆくもののあたらしさとを、その色に私は感じます。だから、そういうものに、子どもたちが、やわらかくつつまれ、そしていつもあたらしくのびてゆくようにとのねがいを私はもったのです。／いままで石ころのように、忘れられて、さびしい思いをし、ときには、また石ころのように心ないもののつまさきにけとばされることさえあったとおもわれるこの子どもたちに、私はひとりの人間として平和と成長とをのぞまないではいられなかったのです。それでこのことが、この教育にはいった動機のようにおもわれます。

（「おくれた子どもの…」）

瑞々（みずみず）しいものをとらえて離さない益雄。子ども達のために、特に、弱い立場に生活している子ども達の為に温かい眼を注いで育てようとする益雄、私達の心を洗い流し震わせる。

さて、益雄の口石小での知的障がい児学級での取組みは五〇年から六二年までの十二年間である。清水寛氏は「益雄の人生の中で、知的障がい児・者の教育・福祉にとりくんだこの時期は、教育の実践と思想が最も深く豊かに創造・展開された時期である。」と評している。

戦中に蟄居させられていた益雄は、戦後の民主主義の勢いに乗って迸るように活動している。みどり学級の教育も彼の正義感溢れる生き方と一致し、精神的にも安定した。

何といっても、「山びこ学校」等の「生活の現実をみつめ、その現実を自分たちの力で創り変えていこうとした」作文教育の先達との交流・激励は彼の情熱に火をつけ、後押した。

彼はサークル活動を再開し、後輩を育てつつ、長崎県に綴方教育の組織・「長崎作文の会」を発足させ、機関誌「作文実践」の発行等、仲間と繋がりながら精力的に活動していく。

手をひく

手を　ひいてやろうと／わたしが　手をだすと
この子も／手を　だしたが、
それは／いつものように／よだれに　ぬれていた
それで／その手を　いそいで　ひっこめて
ごしごしと　じぶんの服で　こすって／ぬぐうてから

この子は／うれしげに／わたしの手を　にぎった
かわいく／ぬくく／いじらしい手であった

さて、晴れ晴れとした気持ちでスタートさせた益雄だったが、心の中は、期待と不安でいっぱい。「はじめての仕事にぼくは、不安な希望をいだいています。ほんとうに人間としてのいのちに、あたいする仕事がしたいものです。それを願うばかりに、ぼくは、みどり組の仕事をすることにしたのですが、まったくそれはおそろしいような気がする、大変な仕事です。（中略）この子どもたちと、あえて茨(いばら)の道を歩くつもりです。」

そして、「木々のみどりのように、いのちにあふれてのびてゆけ。草のみどりの、その色のように平和でやすらかに生きてあれ」との祈りを込めて「みどり組」と名づける。

また、自身に次の様に言い聞かせる。

自らの力で、はっきりと正しい要求を、もちだすことのできない子ども／教室のすみっこで、じっと石のように、
おしだまって、何も要求などというものを、もちあわせていないのようにみえる子ども。／忘れられた子ども
そういう子どもたちが、どんなに愛されたがっているか。

どんなにみとめられたがっているか、／またどんなに、ほかのものよりも、まさりたがってい
るかを、この目で、
はっきりと、つぶさに、みぬかなくてはならぬ。（著作集5）

益雄の強い決意がひしひしと伝わってくる。

彼は大石校長をはじめとする教職員全体の理解と協力を得ながら、細やかな配慮と手だてを尽くす。自発的な意志を大切にし、その親たちの悩みを受けとめながら、力を合わせて学級を開設していく。

この時の思いを益雄は日本ローマ字教育協議会の機関誌に次のように書いている。純粋な益雄の心溢（あふ）れる詩である。

みどり組／それは僕の命のよりどころ、
いま　きずきはじめた小さな城、
そこにうつくしい鐘の音のひびくのはいつのことか。
ゆくては、はるかに、そして、望みは
いばらの道にしずかな光をそそぐかのようだ。
ローマ字でむすびついたこども――これがやがて
ローマ字でこころの眼（まなこ）をひらく日がないと、

だれがいい切り得るものぞ。／
いま　夜明けのみどり組　そこに立って
ぼくはあたらしい夢をえがいている

（『ことばの教室』）

障がい児教育が、まだ手探りの中、教職員が様々な実践を持ち寄り、議論し、試行していった事だろう。

個人としてはもとより、教職員や子どもたち、親たちと手を組みながら、理解し合い進んでいく姿勢。今日、益々大事なことと思える。

佐々町にはその頃、大小合わせて十一の炭鉱があった。

普通学級の教室は六〇名を越すときもあって超スシズメ、したがって特殊学級一クラスの定員なんて決まっていなかった。

伝え聞いて、入級する子どもは増えていった。

おとうさんむかえ　　五年　**石田キヨ子**

まさおと　おとうさんをむかえにいった／おとうさんのかおは／せきたんでくろくみえた
私が　おかえりなさいといったら／おとうさんは　ありがとう　といった
私が　おかえりといったら／おとうさんのかおは／うれしそうにみえた

家貧しいため猶興館高校卒業後、すぐ佐々小学校教員となっていた次男の近藤原理氏も「一九五〇年、私も同じ町のとなりの小学校へつとめた。十八歳だった。夕食のとき、父は「みどり組」の話を、私は担任している四年生の子どもたちの話を、よくやったものである。私は、このとき教師の仕事のやり甲斐とよろこびを知った。」と述懐している。（「この子らと…」）

道同じ、志同じくする親子の師弟愛は、生涯変わらなかった。

子ども達も益雄のことが大好きであった。

うたう

こんなに　へたくそな／わたしの　オルガンでも
この子たちは　うたう／そろわぬこえで　うたう／／
わたしが　ひきそこなっても／この子たちは
まじめに　うたう／この子たちは／よきかな

【子どもたちと創る学級】

ところで、具体的にはどんな取組みをしたのであろうか。

まず、「特殊学級」の教室は音楽室の隣（とな）りで、窓から若葉をのばしかけたプラタナスが見える「学校で一ばんよい教室」。だが中は敢（あ）えてがらんどうにしてある。しかし益雄は焦（あせ）らない。子どもたち自ら入級を希望するように辛抱強く、温かく対応していく。子ども等は休み時間ごとに益雄の教室を訪れるようになり、問いかける。「何年生を教えるのか」と。「うちたちの先生におなりよ」「うち、ここで勉強したか」と。

担任の許可を得た子どもたちは、自分の机と椅子を運び入れ、花を飾り、遊び道具や教具づくりを益雄と始める。（著作集3）

こうして、「多くは、子ども達が、何か組に惹きつけられるものを感じて」入級し、ついに定員の十五名に達していくのである。

おお、なんと凄いことであろうか。同じ教師として子等の自主性を大事にする益雄の教育方法に感服である。大きい愛を持って一人の人格として対応し、辛抱強く待つ姿勢に、嵐にも負けない肝の据わった緑の大樹を思い浮かべる。

夕ぐれになりても皈（かえ）らぬとはせぬこの子らの　手をにぎりやる皈（かえ）れと言ひて
明日はまた早く来たれと子らみなの　手をにぎりやればうなづきてかへる

（歌稿ノート）

手を差し出す子等に取囲まれた益雄の握り返す場面の写真が残っている。本当に微笑ましくも美しく、幸せな場面である。

竹内常一（たけうちつねかず）氏も、益雄の「おくれた子どもの生活指導」について、「戦後の草創期の障がい教育における先駆的業績であるだけでなく、戦後の教育実践記録全体の中でも高く評価し得る」「戦後生活指導の原型はこの記録においてつくられたといっても過言ではありません」と、第八回寮母大会記念講演（六八年）で評したという。

「みどり組」の教室自体が「子どもと共に」創り上げていく過程であった。放置され孤立させられてきた子等（こら）に、この学級こそが自分たちのための自分たちが創る学級なのだという喜びと自信を築こうとしたのである。校長職ではやれなかった理想の障がい児学級づくりを実現したのである。

何よりもまず、子供たちが「生きることを楽しめる教室」。「弱いものほど、大切にされ、いつも助け合いの空気の濃い教室」を実現させようとしていたのである。

あたま

おとなしく　うなだれているので
バリカンでかみの毛をかれば
いじらしくも　まるいあたま//
秋の日の　つめたい水を

さんさんとそそいであらってやれば
あいらしく　かがやくあたま／／
五ほんのゆびを　ひろげて／数をたずねると
十といい　二十という／／
たけいちよ／いつの日か／五ほんのゆびを　五といい
十ぽんのゆびを　十といえるようになるのか／／
このあたまの／ほのかな　ぬくみさえ
おれの手のひらに／つたわってくるのに
たけいちよ

【障がい児だってできる　自発的な取組み】
――「みどり組」の教育実践――

「みどり組」の児童数は多い時は三〇名を超え、後には二クラスになった。その頃、知的障がいの度合いは、白痴、痴愚(ちぐ)、魯鈍(ろどん)の三ランクで把握されていた。ここでの教育は、労働の教育と、益雄の手作りの教具を使った教科指導、それとの密接な関連が探求されつづけた生活指導――この三者を中心に据(す)えた生活綴方的方法による指導であった。再び、原理氏の述懐である。

佐々小学校につとめていた私どもは地域の教育サークルをつくって勉強していたので、よく私は父の授業を参観したし、父も私のクラス（普通学級）へ来てはきびしく授業の批評をしてくれていた。父は授業がとにかく上手だった。子どもをひきつけるやりとりは、うまかった。そしてまた、きびしくもあった。言われたとおりやっていないと、よく大声で注意していた。教室にはみんなの手作りによる空カン、石ころ、板、竹などを使った教具がたくさん並べてあった。父の手によれば廃物も、まもなく教具に変わっていた。

（『この子らと…』）

そのアイディア・器用さは、東京教育大の杉田裕先生が参観された折、「専売特許にして売り出したら」とまで言われたという。私も（筆者）原理氏宅で当時のノート三、四冊を見せて頂いたが、感嘆する程に、几帳面で、美しい文字。正確に書き込まれた授業計画、時間割、教材の図等々が綿密に刻まれていた。

春あさき水にきて

畑しごと　おえたれば／この子らと
春あさき水に　きて／くわを　あらいぬ／／
われも　子らも／水の　つめたさをいわず
ていねいに／土を　おとしぬ

【いろいろな生活経験を】

「労働」の教育にも力を入れていた。「なかよく働く」がクラスのモットーでもあったから、掃きそうじ・拭き掃除ひとつでも厳しく躾けた。「みどり組」は農園や山羊・うさぎの飼育小屋を持っており、自然や動物を相手に、共に汗し働くことを通して人間づくりに努めていた。この子たちの将来を考えた時、小学校段階からの労働体験はどうしても必要だった。そうした「労働」や、前に述べた「教科」の教育を別々のものとせず、絶えず子どもたちの「生活」を高めることへ繋げていった。

（『この子らと…』）

一くれ（塊）の土を　こねつつ
春あさき　ひかりのなかに
一くれの土を　こねつつ
この子ども／なにを　つくるぞ／／
ひかりつつ　おつるよだれも
まぜて　こねつつ／／
この子ども　ひたすらに／なにを　つくるぞ

同じ障がい児教育に携わる友人・加藤十九雄氏も「彼は授業にも生活指導にも、たえず創造と工夫をこらした。『精神遅滞児の国語指導』や『この子らもかく』を見ればわかるように、机の配列から、教具教材、絵本、カード、掛図の一つ一つに至るまで常に独創と考察が加えられた。そして児童作品の全てが大切に展示され、いつ手を触れても、埃一つ付いていなかった。言語障がいの子や聴覚異常の子があれば、すぐ私を呼んで矯正治療の方法を相談した。強情で一徹の彼であったが、自分の未知の分野を教わる時は、びっくりする程、謙虚で従順であった。」と語っている。

このような「みどり組」での教育実践＝労働の教育・手作り教具での教科指導・生活指導を中心に据えた生活綴方的方法は、今日の現場でも切実に求められているのではないだろうか。

なかなくなった

この子が／けさは　もう　なかなくなった／／
まどちかく／小鳥がきて／めぶきそうな枝を
ゆすっていた／／
この子が／もう　ここの子に　なった／／
わたしは／この子の　ははに／はがきを　かいた

子等はこうして仲良しになり、助け合い、そして働く。

七カ月後、「おまえはバカだ」という相手をなぐって軽い怪我をさせてしまった子が「おれは、もう、バカ、でなくなった」と。それを告げに来て涙をこぼす母親に向かって、ジャンパー姿で丸刈り頭の益雄も、くもった丸眼鏡の奥をふいていた。

十二、知的障がい児教育の歩み② 「書くことの指導」

――言葉の感覚を磨くことは生活感情を美しく豊かにする――

花火

この子たちと／　うちあげ花火をみて／かえってきた／／
よしひこが／「花火が　あがりました」と
みんなのまえで／ひとこと　いった／／
花火のうつくしさが／　よしひこの口を／ひらかせたのか／／
わたしは　うれしくて／その　まるいあたまを／なでていた

冬はジャンパー、夏は半袖開き、年中ノーネクタイで、風呂敷包みをさげズック靴でみどり学級の子を連れて歩く益雄だが、この子等(ら)の生存権を花開かせる為に、自分にできる事で精一杯(せいいっぱい)取組もうと決意していた。方法はこれまで取組んできた生活綴方教育だと定めたのである。根気よく掘り返し、忍耐強く探していけば、輝かしいものが生まれてきそうに思えるのだった。

その具象的な姿として

子らのかお三日みねば教室に　わが一人来てぼんやりとおり
職員室に同僚と朝わがおれば窓より顔を出し　手を出し呼びかくる子か

ものいわぬこの子にしあれどわが背に　負われむとしてとびつき来たる

体操に出でむとすればこの子らがきそいて　わが靴を運びてくるよ

（益雄歌稿ノート）

「花火」では、「花火があがりました」よしひこの一言を「花火のうつくしさがこの子の口をひらかせたのか」となんと素敵な受止め方をしていることか。頭をなでる、よしひこだけでなく、他の子どもにもそうしているのだろうと読み手にも窺い知れる。子どもを思う益雄の思い「子らのかお三日みねば教室にわが一人来てぼんやりとおり」や頭をなでる愛の表現は、子等の安心、満足に結びつく。先生を好きになり、窓より顔を出し手を出し呼びかける子、わが背に負われようと飛びついてくる子、きそいて先生の靴を運び来る子が生まれてくる所以である。

【障がい児の指導とは…】

具体的な事実に依らねば、生活についての考え方を纏めあげることができない子ども、経験だけでしか物を言ったり考えたりすることができず、その経験がともすると、言語の脈絡がつかず、断片的になったり羅列的になったりして、纏まった思想というようなものを持つことのできない子ども。そういう子等の綴方をどう導けばいいのか。益雄は手探りながら実践で見極め、個を少しでも生かそうとする。

例えば、みどり組の中でも特に遅れているO・Hは「ひらがな」が読めない。その子の家を尋ねたとき、兎、猫、犬、鶏などを好きだという話を聞いた。早速、動物を取り入れた絵の話をさせたり、家にいる動物について話をさせたりしたところ、「ひらがな」を覚えてしまった。そこで読めるようになった文字を使って、次に進ませる為に新しいワーク・ブックをまた一冊作る益雄なのだ。

この様に子に則して、その子が今必要としている発想や言語は何なのかを語らせ綴らせるという思想こそ、子どもの中に生きる教師と言えるだろう

【根の仕事】

益雄は〝根の仕事〟が大事な事に気づく。これは学歴社会で点数主義になった今日、良識ある教育者の警告ある言葉だが、益雄は戦後すぐに障がい児教育実践の中で導き出している。

綴方以前の仕事。書く力を育てる為に、生活力が必要。見る力、話す力、聞く力、考える力から、生活力は築き上げられる。その為に教育全体にわたっての、深く、細やかな手段を尽くさなくては生活も進まず、良い文は書けない。また、その親達を励まさなければならないと…。

どんなに遅れていても文字さえ習得できたら、書かないではいられない――その様な子等を目指して、益雄は生活の根を培うという真髄に触れたのである。この「根」の仕事と綴方教育という相乗効果が働いて「みどり学級」の子は伸びていく。

「根の仕事」――この教育観は根を失くしがちな現代の子等にも通じる貴重な視点ではないだろうか。

【近藤益雄の詩観】

詩を書く良さを、学校詩集『朝の口笛』で、「詩というものは、ありのままの素直な叫びが出る」、「子どもの生地が剝き出しになり個性が現れる」と述べ、手立てを提言している。

一、どうして本音を引き出すか。

それには、何よりも子どもを「自由にしてやる事」「良さを認めてやること」「何事もどんどんしゃべることと」ができる事

一、例えば、どんな教室か。

（1）子どもと先生の心が一つになったあたたかな教室

（2）いのちが大切にされ、自由を生かす教室

（3）美しい、ゆたかなものを生みだす教室

一、どういう助言をするか。

（1）自分の言葉で、ほんとうの自分の感情を書くように

（2）自分でなければ発見できないものを探し出すように

（3）ありのままの姿を書き表すように

一、どんな詩を読ませるか

（1）心の伸び具合に当て嵌（は）まり、「書きたい」という気持を引き出す詩

（2）素直に自分の言いたいことを表している詩

（3）おとなの言葉や教科書の言葉からの借りものでなく身に付いた言葉で書かれた詩

【具体例その一】

子どもらしい詩を書かせることです。言葉だって、子どもの言葉であることです。

れんげそうとりに　いって／とりよった
はたけ（畠）の人が来て　おわれた
れんげそうの花　もっていた

《益雄寸評》「れんげそうの花　もっていた」の一行に、捨て難いものがあります。大人に怒鳴られ逃げながら、摘んできたれんげそうの花だけは握りしめていたのでしょう。この子の詩はこれでいいのだと思います。

はち

あざみにとまったはち／手をだしてとった
はちが、ぶうんと　おらんで
手の中が　こちばいかった（くすぐったかった）

《益雄寸評》新しい発見なのです。これぐらいのことなら自分だってできると、気楽に考えて、詩が書けるようにしてやることです。

麦からい

麦をからった／「きつかよ」（つらい）といって
ほこられた（しかられた）
おとうさんといこうて（やすんで）
はなしをした／おかあさんも／あとからきた

《益雄寸評》父母と三人、麦束（たば）を背負っている情景。この子どもと親達の素朴で健康な生活を懸命に書き出しているように見えます。

の

くももいきて／のもいきて／くもが　いきおるから
のも　いきおるようにみえる

《益雄寸評》これは写生です。子どもたちを草の丘につれていって、詩を書かせた時のです。この子は、丘に腹ばいになってじっと、向こうを見つめていましたが、「うん、そう、そう、野のいきおる」と叫んで、これを書いたのです。

【身近な生活の中から】

つい気づかず、取り逃がしている切実な問題、各々（おのおの）の生活に当て嵌（は）まるような課題。それを自らの問題と意識させ、解決の方向へ進める。例えば人からひどく虐（いじ）められたりすれば、その怒りや悲しみを必死で訴えようとするであろう。そこで教室に「ケンカのポスト」を設け、読み合い、投書者の発言を聞き、みんなの問題として話し合い、解決の方向を見出す。

【具体例その二…おかしいことは　おかしいと】

忠広は、よく働くいい子。五年生なのに人並みに読み書き計算ができない為に他の子たちにばかにされる。暢気（のんき）にしてめったに訴えて来ることはなかったが、ただ、二、三度、「先生、ぼくは、部落自治会に行って、言うてきたね」と。「ほう。何と言うた？」と、尋ねると、「みどり組のばかって、いうなって、ぼくはいうたね」と、にこにこと。益雄は、この子がどんなに必死になって部落の子供達に「ばかにするな」と訴えたかと、少し涙ぐましくもなる。「そりゃ、よかったな。忠広はえらいよ。ばかにされたからといって、一人でめそめそするのは、つまらん。誰でも忠広のように、みんなの前でどんどん言えるようになれよ」と、益雄も勇気を得て呼びかけた。

四年　西山テル

みどりぐみのばかといわれたら、はがいいです。
よそのくみのひとがばかといます。
みどりぐみのひとを、かわいがてくらさい。
ばかといわれれば、くやしです。
よそのくみのひと、うちたちをかわいがておくれ。
かわいがればうれしいです。
よそのくみのひとが、かわいがればいいです。

よそのくみのひと／みどりぐみのひとを、
かわいがてやらっせばよかとに。

【ひとりの問題・みんなの問題】

つぎに暮らしに繋（つな）がる益雄の「赤ペン」（寸評）を見ていきたい。

知的障害以外にも、炭鉱地域でもあるため生活に困難を抱える子が多かった。

この家もつらいくらし出ると　雪どけ水にぬれる　（益雄）

【具体例その三】

おかあさん　　五年・安夫

おかあさんはおりません。
おかあさんはしまねけんでしにました。
てがみがきて、そいからてがみをよんでいきました。
ぼくだちはいきませんでした。
ぼくはおかあさんのかおをみませんです。

《益雄寸評》安夫は母を持たない。その為にいろいろ困ったことを引き起こした。綴方（つづりかた）の結びになっている「ぼくはおかあさんのかおをみませんです」が安夫の寂しさをそのまま打ち出した言葉ではなかろうか。

ごはん　安夫

ごはんをはよ（はやく）たべました。
ごはんをこぼしてくせがわるい。
ごはんをたべるときは　はなししません。
ごはんをたべて、いっちょん（すこしも）こぼしません。
ごはんをたべるときは、おかあさんとしゃべらんです。

《益雄寸評》母を持たない安夫がどうして「おかあさんとしゃべらない」と書いたのだろうか。この子が国語の力を持っていたなら、「お母さんがいればしゃべって食べたいが、死んでしまったので、それもできません」と書いたのではないだろうか。

あさ　安夫

あさ　とうちゃんが　ごはんばたいた
はやおきで　まだねんたか
はやおきだが／こ（子）にあくじで（いじわる）
おうちょっか（おうちゃくだ）
ほとけさんは／おがんだ／とうちゃんは／しごとにいった

《益雄寸評》母のいない安夫、厳しくて温かみのない父への恨みを書いたものだろうか。

ここに救いのない安夫の心持ちがあったにちがいない。たったこの一つの短い表現のなかに、この子どもの精一杯の抗議が込められているのだろうか。

これが詩であろうとなかろうと、私はここに生活指導の手を差し伸べていくより他になかった。私は十日に一度くらい家庭を訪ねて父と話し、今はその父も温かい気持ちで安夫を抱いてくれるようになった。

どんな遅れた子どもにでも、自分の考えを書けるようにしてやらねばならないと、益雄の心は燃え立っていた――体で直に受け取ったものだと、生き生きと文に書き表すことができるのだからと……。（素朴、稚拙ではあったが、何かその文や詩には救いがあるように思われた）益雄は祈りつつ、生活綴方の手法でこの子等に作文や絵を教えていった。

おかあさん　　五年　テル

おかあさんは　いまびょういんにいっています。
おとうさんが、びょうきをして、
びょういんにいっていますから、
おかあさんは　させぼのびょういんにいっています。
あんちゃんと　ふとか　あんちゃんと、
きよのねえちゃんと　うち（私）と　おるのです。

おとうさんは　いまあしがふくれています。
ても　はれています。
おかあさん、はやくかえってきてください。
おかあさんは　おとうさんのところにいっています。
あんちゃんも　おとうさんのとけ（ところ）　いっています。
おかあさんは、いまびょういんにおるのでさびしいです。

《益雄寸評》こう書いたその日、テルの父は病院で死んだ。

かねて口をきかないテルのことだから、その父の病気が酷（ひど）くなって入院した事など、私にも分からなかった。こうして母の留守の寂しさを書いた時、私はテルの父の病気を知ることができた。テルもこの寂しさや不安は書かないでいられない。その時の切実な問題だったにちがいない。

うけせん（給料）　五年　文子

うけせんがあったら、みんなおかねをはらってきた。
おかねがなくなってこまる。
がっこうにおかねをもっておいでといったから、
おかさんにきいてもっていくけれど、
おかねがないからしょうがない。うけせんのときにやるから、

そう　せんせいにいっときなさいと　いいました。
私がせんせいにきて
「もうすぐ　もってこなくてこまるから、したら、
ぜったいにかんじょう（給料）のときもってくるね」
といったから、「はい」といってかえりました。
そしてかんじょうがあって、学校にもっていくといっても
みんなおかねをはらってしまって、
がっこうにもっていかれない。

《益雄寸評》私は文子の綴方を読んだ後で、その母を訪ねた。
火の車の暮らし向きを明け透け（あすけ）に話してくれた。励まし慰め、十人家族を抱（かか）えての生活は大変だろうと思った。やはり子どもの綴方は丹念（たんねん）に読んでやらねばならぬ。そこには子どもの隠さない現実がはっきりと描かれている。

【知能より　もっと高いねうち】

力を合わせて働くことが好きになることは、この子らの将来を考えるとき何よりも大切なことであった。仲良くしてしかもよく働く。それはやがて社会性の豊かな勤労ずきの人間に成長していくにちがいない。いや、そういう人格を形づくってやらぬ限り、幸福になることができないと益雄は考えた。その根底には、「働く人間こそが、一番偉く、真面（まとも）に体を使って働いて生きることが、最

もねうちあること」だから、「働く人間が大切にされ、その力が、この国を立て直し、新しい歴史を推し進めてゆくのが、正しい歴史の流れ」であるという益雄自身の願いと思想があった。

「著作集・補巻」には、処々に感動的な場面が描かれているが、「労働を一緒にする場面で」、体の弱い子を置いて青草刈から戻ると、残った者で教室の掃除をしている。外で働いてきた子等は、すぐ一緒に掃除をし、道具を整頓し、戸締りをする。

「なかよしの空気から助け合いが出てきます。助け合いの生活から知能よりもっと高い人間としてのねうちを分かっていきます。愛された者だけが、愛することを学びとっていくのです。

この子等は、もっともっと誰からも愛されなくてはならないのです。」の益雄の言葉は、私達の心を震えさせる。

【組織化と実践】

一九五一年は、岐阜の中津川で第一回作文全国協議会が開催され原理氏の妻となった美佐子氏が参加している。この大会を契機として全国に野火の如く「作文の会」が組織化されていく。益雄も、長崎作文の会の機関誌「作文実践」で、先頭に立って旗を振る。「子どもの作品を読もう。何を書いているかを、どのように生きようとしているか、語り合いの会を作って実践してゆこう」と。この様に日本の児童詩教育は、益雄と同じ価値観を持つ綴方教師達の手によって、一点の火を点じ、だんだん大きなもの、豊かなものにすることで支えられてきたと言える。

一九五二年、益雄四五歳。校内の教員達と共同の学習・研究に力を注ぎ、「おくれた子供のワークブック」を制作している。

「私は子供たちに——わけてもひどく遅れている子供たち六人のために算数、国語、図画などのワークブックを二十冊ばかりも作りました。子供一人ひとりの力や優れたところや学習の進み具合によって、それぞれ違った仕組みになっております…」

それに益雄の学校では、雑誌「教育」の読者が十九名居て、月に一回の研究会を持っていた。こうした教師集団の自主研修活動の取組みの中から生まれた成果の一つが、学校詩集『朝の口笛』であった。一年から六年までの詩、計五二篇が掲載されているこれらの文集に対して、三木安正が、次の様に感謝の言葉を述べている。「みどり組を始めて間もなく、『みどりの木』という子どもたちの文集を作られ、その後、『ちちぐさ』という文集も何号か送っていただいた。こうした指導と記録から、精薄児の国語指導、生活指導、算数の指導、図工の指導など夥しい数の原稿や著作が生まれた。私どもは、特殊教育研究連盟の機関誌として、『児童心理と精神衛生』という雑誌をやっていたが、先生に頼めばすぐ原稿が送られて来るので、随分助けていただいた」と。(著作集5)

痴愚の子　こえたてて　わらい　さくらひとひら　空から

「みどり組」にはその実践を知って、県内は勿論、県外各地からも、入級希望者が親に手を引かれてやってきた。しかし、知恵遅れの子を下宿させる家などない。そこで近藤一家はその子等を預かるために「のぎく寮」を創設するのである。

十二、知的障がい児教育の歩み③「みどり組への偏見」

――君たちはどう生きるか――

「おくれた子どもたちは、何よりも人々の労わりと慈しみの中に育たなくてはならない。多くの人々に愛されなくては生きていけない運命をさえ負うている」との信念から、益雄は「みどり組」の誕生をいかに喜んだことか。

よろこび

もう冬になる空のきれいな星／／よろこびを
こんなに　さゝやかなよろこびを
もってかえる夜は／こんなに　したしい星／／
八ヶ月もかかって／どうやら
ひらがなを　おぼえこみ　やっと
「せんせい　すきれす。せんせい　あそびましょ。」
と　カツヨシが　かけるようになった。
そのことを／びんぼうぐらしのがたぴしの戸をあけて
せまいいりぐちから／カツヨシの母おやにしらせたら／／

あつくおれいを　いわれて、かえってくるとき
探鉱納屋の路地から／ふと　みあげた星の
カツヨシの／また　その母おやの
ひとみのような　ちいさな　きらめき。（益雄）（『作文実践』九月号・長崎作文の会1952）

この詩には、子ども達の言動一つひとつに成長を見出し、そのこと一つひとつを自らの喜びとする人間教師近藤益雄の姿がある。また、妻のえい子も次のように回想している。

「学級の子に生き甲斐を感じておりました。毎日、学校から帰って食事の時の話はみな子どもの話ばかりでした。

よっちゃんが『み』の字を覚えた。田中が『田』の字でこんなに書いた。四角の中にナの字を書いて田になった。

保育園の保母のようでありました。」と。

（筆者はここでも、思いを共有する妻えい子の存在がどれほど益雄に力を与えていたか、計り知れないものを感じとるのだ。）

【妻・えい子の証言から】

――みどり組ができた当初の様子――

村の人達は、みどり組ができたとき、口石小学校にはバカ学級ができたちうバナ（そうだ）てっちゃなもん（手に余すもの）ば作ったもんたい。あんな学級に入れたら兄弟の恥、家の恥、娘の嫁入りにも差し支える、と言いました。子供が勉強しないと親は、「みどり組の先生が連れに来らすバイ、近藤先生の学級に入れるぞ…」と、みどり組というのを躾けの言い草にしておりました。

（『報春花』近藤えい子 1980）

【美しい人間の姿、助け合う姿】

つくしでたとよ　この子が一本橋わたる　（益雄）

みどり学級を始めてから三年半が経った。さくら、ばら、チューリップの三組に分かれ、一人ずつリーダーが付いて生活を動かす。毎日当番があり、毎週交代する。教室掃除と動物の世話と畑や植木鉢の手入れ。また、週一回の自治会。

川を渡る時には、水が深くて四、五人が渡れないでいると、強そうな子がさっと背を向けて負ぶう。友達が病気をすれば、行って慰める。（こんな行動がとれるというのは、知恵以外のどんな力が働いているというのか。）と知能以上の価値「人間のあるべき姿」について考えてみる益雄だった。

【にんげんのねうち――それは…】

それでは、人間としての値打ちはどこにあるのでしょうか。

「こころが　うつくしく　すなおなこと」であると。

そのためには次のねうちを毎日の暮らしの中から探し出していこうと、具体的に子等に語りかける。
①なにか　ひとのために　しんせつを　つくそうとすること
②からだを　うごかしてはたらくこと
③わるいものの　なかまに　ひきいれられないように
　じぶんでかんがえること
④ひとのわるくちを　いわないこと
⑤ひとから　わるくちをいわれても　へいきでいること
⑥ひとのめいわくになることをしないこと
＊人間の値打ちについては『君たちはどう生きるか』にも記述がある。

【みどり組にやってきた竹一くん】

この子を　しかり
ああ／この子を　しかり／なかせたり／／
されど／この子は　なきやみて
わが　ぬぎすてし　下駄を
そっと／そろえてくれたり／／

ああ／この子は／われを　うらまず
わがために／よきことを／して　くるる

竹一は七人兄弟の男ばかりの五番目の子。構ってやる者もなく汚れ放題。みどり学級に入ると、頭を刈ってもらい、頭を亀の子タワシでこすってもらう。服の洗濯は家庭に厳しく言い付け、見違えるようになった子。

無題

右の手をたけいちがうばい、／左の手をみちおがうばい、
そして　頭の上の秋の日はぬくい／こんな日にはやぎのえさに
くずの葉などさがしてあるくによし／うたうたうによろし

【手をつなぐ親たち】

教育の本質を親が見る日が来たのです。

益雄は月に一回、炭鉱職員住宅の母達に子どもの問題について話に行く。「先生、私はみどり組って、どんな組か少しも知りません。しかし、子どもが実に喜んでいるという事だけは分かります。子どもが、あんなに喜ぶ組なら、親として何も言うことはありません」「子どもの目の色が変わったです。ひでえもんですな。よっぽど先生が、よくして下さるのでしょう」「子どもが毎日毎日楽しゅうて、たまらんごとしとる。勉強するといって帳面に、大分わかるように書いとる。」「先生。わしゃ

子どもが、毎日変わってゆくとば（のを）見ると、みどり組でも何でもかんまん（かまわない）こりゃ、いっちょ、先生にやってもらわんばと（もらわねばならないと）決心しましたばい。」

町に精神薄弱児育成会が作られ、子の親を正会員、有志の人達を賛助会員として、「手をつなぐ親の会」ができる。彼等は「特殊学級では恥ずかしい」と躊躇う親に、〈何よりも子どもの幸せを一番に考えねば〉と励まし、益雄を支えた。例えば、学級の教育費をつくるために、集落を駆けめぐって回虫駆除の薬等を売りさばく、運動会では紅白の鉢巻を沢山作り、みどり組の教育費作りに活動した。

子どもたちのありのままを理解して、ともに伸びていこうとする親たち、教師たちへの呼びかけ、ここに特別支援教育（特殊教育）に携わる者に限らず、全ての教師たちが学ぶべきものが詰まっている。


【特殊学級の教師達へ】

（1）まず事実を示すこと
少しでも良くなればその事実を示してやる。根気よく、我慢強く取り組んで、子どもの顔に光を、親に喜びを

（2）親へ働き掛けること
子どもが真面目に働き、明るい性格になり、少しずつ学力が付いてくると、その事実こそが親を勇気づける。軽蔑を投げつけられると親達は悩み、諦める。そんな悲しみから立ち上

がらせ、どうして乗り越えていくかについて話し合わせる。

（3）学校の仲間・社会に働きかけること

教室を見てもらい、学習にも参加してもらう。分かってもらう事が何より大きな力となる。仲間の力添えは大きい。

【しかし…偏見への怒り】
――こどもたちは訴える――

「先生、中学生が『みどり組のばか』と言って石を投げたり、たたいたりするのです」「先生、みどり組という名前は変えた方がいいです」「いや、変えても同じです。覚えていて。『元(もと)のみどり組』といいます」こういう訴えが幾たび出されたか知れない。「バカの並んで歩きよる」と後ろ指を指す。

また、学校で開かれた特殊教育研究発表会の席上、地方指導主事は「特殊学級に居ると劣等感を持つ。競争心が起こらない。朗らかだがバカで何も知らずにいると思うと哀れである」と評した。「小学校でいくら特殊教育をしたって、中学校ではやらず、まして社会に出てからは、何の施設もないのだから、無駄なことだ」。中には「ばかに、たくさんな費用と労力を使って特殊学級などやるのは、国家の不経済である。それよりも、それだけのものを優秀児教育にあてたらいい」等々、人間蔑視の考えを臆面もなく並べ立てる。

【石をもて打つまえに】

「そんなに勉強せんなら、みどり組にやってもらうぞ」、そういって自分の子を叱りつける人や、石をぶつけて泣かせる悪い子供達がいる。この恐ろしさから守ってやるのも益雄。体を熱くして叫ぶ。身に迫るものがある。

「石を持て打つまえに、その石を静かに置いてください。

そして、その石を置いた手を、互いに繋ぎ合ってください。

その手を、子どもの母たちの手へ差し伸べてください。」

病気や負傷や難産などで、不幸にして脳を侵された宿命の炬たちを、なぜ社会の冷血漢は『ばか』とののしり、『阿呆』とさげすみ、石をもて打ち、棒を持って追うのか…。等しく人間の子であり、等しくかけがえのない生命をもち、一日一日を進歩を願って生を営む人間の一人であるのに。

【地域社会の無理解】

精神薄弱児のための特殊学級が設置されてから六年経った時、「特殊学級は、別棟の校舎において教育して欲しい」との文書が、ある集落ＰＴＡから申し合わせとして学校側に提出された。特殊学級の子どもが普通学級の児童へ悪影響を及ぼすのではないかとの懸念からだ。そこで益雄達は次のような反論に出る。

（１）他の子供達が、守り、励まし、力づけなくてはならない機会を多く持つことができる。

（２）全国的に高く評価され、「人道主義に立つ真の教育が行なわれている学校」という誇りを持っている。

（3）普通学級の精神薄弱児が、特殊学級に入っているので、普通学級の担任は、安心して自分のクラスの指導に当たることができる。

（4）学級給食に奉仕を続けたので卒業式で表彰された事等。

特殊学級の子ども達が、決して他の子どもに悪い影響を及ぼすものでないことの文書を、協力者と共に地域の全保護者に配布した。と共に、学級ＰＴＡの名で、抗議文を作ってその部落の代表に持って行った。さらに学校新聞にも掲載。

その結果、事は落着した。以後、無理解な言葉は表だって聞くことはなかったが、益雄達は終始「偏見」という大きな荷を背負って歩むことになる。

今から五十数年前、日本の障がい児教育はやっとスタートしたばかりだった。

こんなきびしい　夢のなかの　雪溶ける音（益雄）

【長日新聞社説　精神薄弱児を救う人々】

一九五三年、長崎日日新聞に次のような社説が掲載される。

（この記事は昭和二八年二月二八日に長崎作文の会（牧野佐久間・原田真市編集）の「作文実践⑪」に次のような書き出しで掲載された。「益雄先生の『この子等もかく』が朝日・長日新聞で紹介されたことは、われわれ「長崎作文の会」会員として一つの喜びであるが、ここに二月二十六日の長日社説を掲げて先輩の地道な実践を乗り越えていく実践を誓いたい。…」）

（1）社会一般の関心が薄い中、益雄達の実践に光をあてたものであった。

「…精神薄弱児童の教育に関しては社会一般の関心が深かったとはいえない。…全国に七十万といわれるこの精神薄弱児童の育成は最近教育界の問題となり先頃滋賀県の某学園がこれらの育成に当たっていることが話題に上がった。

わが県下にもこれ等多くの気の毒な児童を救うため、みどり学級という特殊学級に一身を捧げている奇特な教師と、これに努力する校長および町民のあることが明らかにされた。

その場所は、北松佐々町の口石小学校で、この篤志家は、近藤益雄先生と言い、すでに『この子らもかく』という著書を出している。これは普通の児童より知能の遅れた子供等の綴方を含めて特殊教育に関する貴重な自分の体験記録である。」

（2）大石校長等取り巻く協力者の献身も取り上げ、国の政策不足にも及ぶものだった。

「こうした一般社会の空気の中で、しかも片田舎の小学校に特殊学級を設けたと言うことは、PTAや町民という立派な理解者のあったことを、忘れてはならない。尚この近藤益雄に協力した大石高一校長は、今度の義務教育費全額国庫負担の定員定額制のため、政治力によってこの特殊学級が葬り去られる危険に曝されているのに対し、命をかけてもこの学級を続けたいと意気込んでいるのは頼もしい。」

(3)「差別」はわが国民の大きな欠落

「精神薄弱児童は、罪なくして世間から馬鹿扱いにされ、当人はもちろん、父兄にとっても悩みの種である。この『みどり学級』が書いた詩に『みどり組のばかといわれたら、はがいかです。よその組の人がばかといいます。』という悲しい叫びは、はなはだ同情に堪えない。従来これらの運命の児童を馬鹿にするのは、わが国民の大きな欠陥であった。…とかく他人の不具に対して冷淡であるばかりか、迫害を加える場合も起こってくる。従って、特殊学級を担当する当事者は心身ともに薄弱な児童を外部からの圧迫から守るためには愛情のほかに人知れぬ苦心と根気が要るはずである。」

(4) 決して恥ではない

「この精神薄弱の原因が、早産、難産、脳膜炎、遺伝、栄養障害にあることを思えば一層気の毒…。

アメリカのパール・バック女史が『このような子を持つのは決して恥ではない』といった…従ってこれをどうして育成するかが最も重要な点である。…特殊学級の根本を流れるものは、愛情の一語に尽きる。この愛情こそ成果をあげた源泉である。願わくは、今後、近藤先生のような『愛の主』が一人でも出て欲しい。こんな先生こそ、わが長崎の誇りである。」

(「作文実践」十一号)

なんと時宜を得た新聞報道であろうか。

保護者と共に力を合わせ子どもに力をつけていくことで信頼を獲得し、障害があっても同じ人間として、発達に合わせて指導に尽くす。この真の実践を新聞社も取り上げ啓発してくれた、また理解ある管理職や周りの人びとに恵まれたと安堵する。

ちなみにデンマークに於いては、一九五二年知力ハンディキャップを負う子の親の会が設立されている。障がい者が普通に一緒に暮している社会こそノーマル（正常）な社会であるという福祉思想は、強い人権意識によって成立したものであった。

【人間としてあるべき姿】

こんな時、益雄を勇気づけたのは、実践の仲間達や書籍からの励ましの言葉だった。人間のあるべき姿を求めていた彼にとって、吉野源三郎（よしのげんざぶろう）の『君たちはどう生きるか』という本との出逢いは、どんなにか勇気づけられたことだろう。

今日（こんにち）再ブームとなって読み広がっているが奇遇にも私は益雄の実践を纏（まと）め始めた時に、既にこの本に惹き付けられていた。教本となり肌身離さず持っていたに違いない。彼の障がい児教育実践記録の端々に読み取ることができる。

原作の吉野源三郎は、昭和を代表する編集者で、戦後は雑誌「世界」（岩波書店）の初代編集長。『君たちはどう生きるか』が出版された一九三七年七月は、盧溝橋（ろこうきょう）事件が起こった月である。事件をきっかけに日本は全面的な中国への侵略を開始した。当時は軍国主義が荒れ狂っていた。労働運動や社会主義運動は激しい弾圧を受け言論や出版の自由は厳しく制限された。左翼運動にかかわった吉野氏も三十一年、治安維持法違反で逮捕され、刑務所で一年半過ごしている。こういう戦争と弾圧の時代に『君たちはどう生きるか』は書かれたのである。検閲が厳しかったので、まだ比較的自由に書けた児童書として企画されたと言う。吉野氏は慎重な言葉遣いで軍国主義を風刺し、次世代を担う子どもたちに以下の様に諭し、希望を託した。

・自分が正しいと思ったことは伝え、行動に移す。
・常に自分の体験から出発して正直に考える。
・人間が人間同士、お互いに好意を尽くし、それを喜びとしているほど美しいことはない、それが人間らしい人間関係
・人間の本当の値打ちは、高潔な心を持ち、立派な見識を持っている人
・人間であるからには、すべての人が人間らしく生きてゆけなくては嘘だ。

益雄も震える思いで呼応する。

「弱い者をいたわり、不幸な者を助け、罪を憎んで、人を憎まぬ心こそ、人間の心の正しさであることを、あなたは、その知恵深い言葉と行いとによって、教えねばいけないのです。つよく、きびしく、はっきりと、教えてやるということが何より大切なことなのです。それは、あなた自身が、誰よりも進んで、不幸な子たちの友となり、母ともなってくださることです。慌ただしい日々の暮らしの中でも、不幸な人たちを、大切にし、守ろうとするならば、あなたの愛し子は、それをそのまま、学び取っていくに違いありません。」と。

そして私の耳には、吉野源三郎と近藤益雄が和合して呼びかける声が今後の生き方への応援歌の

ように聞こえて来る。

たれもかれもが／力いっぱいに
のびのびと／生きてゆける世の中
たれもかれも／生まれ来てよかったと
思えるような世の中
じぶんを／大切にすることが同時に
ひとを／大切にすることになる／世の中
そういう世の中を／来させる仕事が
きみたちの行く手に待っている
大きな大きな仕事／生きがいのある仕事

近藤は、激しい差別や抑圧に負けずに生き抜いていけるように守るだけでなく、育てようともしたのである。清水寛（ひろし）氏は「ここに、彼の教育実践家としての真価があり、思想としての高さがある」（著作集7）と評価する。

この一本橋わたれるようになってめだかも春か　（益雄）

十四、知的障がい児教育の歩み④
――入所施設「のぎく寮」の創設　一九五三～六一年――

一九五三年（四六歳）、私立の知的障がい児入所生活施設「のぎく寮」創設、特殊学級担任と寮長を兼務した。それは、「新生：学校と福祉施設での生活教育」であった。

――この子らとゆく道は、ひとすじ、はるかなれどまようことなし――

佐々町口石四六一番地に創設した「園舎」は、七百坪ばかりの敷地に建つ木造二階建ての老巧化し廃屋のような校舎。

「風の中に一本のマッチの火を　まもるがごとく」

という思いを抱いての出発だった。

一九五三年に転機が訪れていた。

四月、原理（げんり）氏は山口県立ときわ学園（「精神薄弱児」の施設）へ。九月には、母・マスが七六歳の生涯を閉じた。

夫婦は予（かね）てから胸にあった考えを実行に移す。「のぎく寮」の創設である。それまで一家が住んでいた佐々（さざ）町小浦（こうら）の家は手ぜまで、益雄の書斎もなかった。原理氏を頭（かしら）に汪（ひろし）、ヨシ子、協子、晃子、みち子の他（ほか）、預かった三人の子を入れて十一名が暮らしていた。勿論一銭も公的資金の援助があるわけではない。すべて自分達で工面するしかない。それでもやろうと決めた。入り口の門柱には、俳人・荻原井泉水の手による「信仰　希望　愛」の三文字を浮き彫りにした銅板。

のぎく寮の歌

一、風が冷たくふく朝に／のぎくの花は咲きました
霜がきびしい明け方に／のぎくの花は香ります
派手な飾りはしないけど／気高いこころのしるしです／／パンが一切れあるならば／
パンのクズでもあるならば／小鳥にまいてあげましょう
隣りの子にもあげましょう
こんな子どもは優しい子／こころのきれいな子どもです／／
二、のぎく　野の花小さな花／みんなの胸にさしましょう
さして明るく胸はって／手に手をつないで行きましょう
ここはみんなの　のぎく寮／花の輪大きく編むのです

何と慈しみに満ちた歌（詩）であろうか。益雄は自らの生き方で理想を具体化し示めそうとしていた。「のぎく寮」の創設と決断は、誰にも真似の出来る事ではなかった。

松尾敏氏も「益雄の生活指導の基本理念は、『人間として自分のいのちの限りを尽くして楽しく

生きることができる子ども』を育てることであった」（益雄著作集第二巻付録）と評しているが、今日の教育にも通じる大切な視点である。

さらに感じ入るのは、全財産を投げ出しての創設と、家族あげての支援協力。障がい児教育への深い理解があったからこそできたことであろう。

一九五四年に長女・ヨシ子さんが寮の職員になった。

一九五七年には次女・協子さんが生活班で働くようになる。

一九五九年には原理氏も佐々町に戻り小学校に勤める。妻の美佐子さんは十数年在職した小学校教員を退職して家庭班の仕事を引き受けた。こうして寮の暮らしは、善意の協力者を含めて、えい子氏が家計の遣り繰りをし、協働の場になっていく。

綴方教師達の応援もあった。「日本作文の会」を立ち上げた今井誉次郎氏は、「おくれた子どもの生活指導」の『まえがき』で「不可能を可能に」と巻頭言を寄せ、次の様に紹介している。

「…近藤君にこんなりっぱなしごとのできるのは、夫人のえい子さんのひたむきな献身があるからだ。…ペスタロッチーのアン夫人のように、えい子夫人がなくては、このしごとはなかなか進まない。夫人ばかりでなく、二男（長男は長崎の原爆で死んだ）の原理君は、山口県の宇部で、やはり精薄児学級の教育をやっている。親父が播いたら、倅がその後を継ごうというのである。実に、にくにくしいほどの教育魂である。」…（一九五五年）

その、えい子著『報春花』による「引っ越し」の様子である。

あきの蝶

『のぎく園』への引っ越しの朝は、穏やかな秋日和でした。近所の人のお手伝いで荷物はトラックで運び、壊れやすい台所用品など荷車に積んで牛に引かせることにしました。それも近所の農家の厚意でありました。近藤や子ども達は既にトラックで行ってしまい、私と道雄、一夫だけが牛車の後からゆっくりと歩きました。そのとき小浦から「のぎく」までの家々には、つるし柿が軒端に下がっていたり、小豆が庭に干してあったり、山裾にはツワブキの花がおもちゃの勲章のように光っていました。「山はぜもみじ」が美しく、祭日で家々の日の丸の旗も印象的でした。…昭和二十八年十一月二三日、勤労感謝の日。学校は日曜日と二日続きのお休みで、引越しによいお天気でした。この日が「のぎく園」創立記念日になりました。

この「秋の蝶」から、えい子氏の人となりが伺える。楽しむ心。明るく逞しい心。広い視点で物事を捉える人のようである。だから益雄を理解し、共感でき、付随していけたのであろう。

【のぎく寮要覧】

寮は廊下をはさんで一・二階にそれぞれ三部屋(みへや)。

入寮児の子等は九州各地、更(さら)には山口からもあって年毎に増え、学校へ行かない重度障害の子どもや年長の子等の占める率も高くなったので、四つの班に分かれて指導を受けていた。

・通学班―益雄が連れて行く子どもたち（口石小特殊学級）。

・生活班―就学免除の障害の重い子ら数名。

（生活訓練、感覚教育、あそび、簡単な労働の仕方を習う。）

・家庭班―年長女子数名（生活指導、家庭科学習、炊事・洗濯、買物の手伝いなど。）

・職業班―年長男子数名（生活指導、職業訓練、職場実習など）

朝の起床から就寝の九時まで日課があり、それに従って一日が流れていた。感心するのは夜の集(つど)い（ミーティング）まであったことだ。大掃除、布団干し、誕生会、面会日、さらに遠足、海水浴、親子運動会、もちつき、クリスマス、帰省といった週の行事や月の行事もあり、規律ある集団生活の中で生活教育が行われていた。よく「職員会」を開いては夜遅くまで子ども一人ひとりについて話し合っていた。

人間として必要な物の見方、対応の仕方、それに職業教育までされていることに驚く。優れた教育者であったこと、他に例を見ない・これらの生活教育の様子は城台巖(じょうだいいわお)氏が撮影した沢山の写真からリアルに知ることができ、愛情深い接し方に尊く感じ入る。

のぎく寮を開設して五年後、益雄は『のぎく寮要覧　1958』に、寮の「性格」として、

（1）のぎく寮は精神薄弱児を保護し教育するささやかな任意施設です。
（2）任意施設ですから官公私いずれからも、経済的援助を受けず、保護者負担の寮費後援費と私個人の出費によって経営します。
（3）この寮は、信仰と希望と愛とを、その精神的支えとします。
（4）「教育活動」として「この寮では、義務教育を終えたもののために職業指導（農耕）、口石小学校特殊学級に通学するもののために学習指導を、また全部の寮生のために生活指導を行います」と記している。

当時の「のぎく寮」を実際に訪れた人達が居る。今井誉次郎（いまいたかじろう）氏と清水寛氏、写真家の城台巌氏、三木安正氏、（なずな園には国分一太郎氏）等である。この事から、公に頼らない、民間の教育で、二十四時間子どもとその家族の幸せのために必要として創設された。カリキュラムがあり、人格形成と学力形成（生活力をつけるために）に献身している等の情報が、全国の関係者には届いていたことが分かる。彼らの訪問記から当時の様子を窺ってみよう。

福祉教育の途に着き始めた頃の清水寛（ひろし）氏の述（じゅつ）である。

翌朝の六時、ガランガランと鳴る鐘の音とともに起き、寮生たちと一緒に、洗面、部屋や廊下の簡単な掃除、庭でラジオ体操。そのあと寮の門を出て、四百メートルほどの田んぼの周りの道をかけ足で一周。それから食堂で朝食。壁には、寮生の描いたニワトリの絵が、個人別につなげて展示してあった。十日間、毎日描かせて、その観察力や描写力などの変化をみているのだとのこと。

寮生たちはそれぞれ山羊小屋の掃除をしたり、ニワトリに餌をくれたり活発に働いている。私は、えい子さんに頼まれて、小川のちょっとした改修工事に、何人かの男の子たちと鍬（くわ）やシャベルを使いながら取組んだ。みんなよく働く子ども達だった。冷たい清流に脚を浸し、ワイワイ言いながらの楽しい労働だった。こうして、朝から一緒に床の拭き掃除をしたり、仕事をしたりしたことで子ども達と私との信頼感がぐっと増した。そのことが私には無性に嬉しかった。

しばらくすると、近藤先生は、『これから近くの炭鉱住宅街に講演に行くので、これでお別れするが、子ども達を案内させるから、よかったら口石小学校の特殊学級の教室を見ていかれてもよい』と言われた…

（『この子らと生きて』）

【のんき、こんき、げんき】

一九五五年、益雄四八歳の四月には、口石小学校の特殊学級は二学級（ふたがっきゅう）となり、佐々中学校の特殊学級も口石小に置かれた。また、「みどり組」を「一の組」「二の組」と改称。

この頃から、「のんき、こんき、げんき」を提唱。

この合言葉はその後も、障がい児教育者・生活綴方教師等、教育関係者の実践を紡ぐときの叱咤（しった）激励（げきれい）の応援歌となっていく。

S子は三年生、IQ30。「み」の字がどうしても「鏡文字」になってしまうのを根気よく教え続けて、やっと正しく書けるようになった。ある日の夕方、S子がチョークで庭一面に「み」の字を書いているのを近藤は二階の窓から見守り続けていた。

S子ちゃんがチョークをにぎって、地面に／はじめて、
みの字を書いた。／たどたどしく、しかし正しく、
みの字が書けた。／みの字を書いて　みの字を見た。
みの字が、光って見えた。／みの字がすこし、まがっている。
それでもう一つ、／みの字を書いて、また、もう一つ
みの字を書いた。／みの字のあとに、みの字を書いた。
みの字のあとのみの字と同じ／みの字を書いて
S子はそこで、頭を上げた。／
みの字が、くねくね、つづいている。
S子は笑った。／それでまた、／みの字のあとに
みの字を書いた。／みの字がみの字を、呼んでいる。
それでまた／、みの字を、書いた。／み　み　み
いつまでも、いつまでも、／みの字を彫った。
字面がまくれて、みの字がすこし、土をかぶった。

S子は、みの字を見た。／みの字が、S子を見た。
みの字が何か言っている。／それが嬉しくて、また
みの字を書いた。／みの字さん／みの字さん／みの字さん
S子の背に、夕日がさしている。

当時、県内や近県に知的障がい児の為の学級は殆どなく、入居させたくても下宿させてくれる所がなかった。炭鉱で働いている親達が少なくなく、閉山になり他所へ移っても地区の学校に設置されていない。わが子が成長していく姿をみて、せめて義務教育を修了するまで預かってもらうことを願った。

このようにして、「のぎく寮」は精薄児のための二十四時間教育の場となった。一方、益雄は、「教育の意義」と表して次のように纏めている。

【なぜ寮に入らなくてはならなかったか】

（1）この子たちにも、人間であることの価値と喜びとを持たせなくてはならない。（社会生活を営みたいという願い・友だちと生活する楽しさ。喜び）
（2）両親および肉親たちも幸福にならなくてはならない。
（3）この子たちの才能を伸ばしてやらねばならない。
（4）問題行動（不良化）の発生を予防しなければならない。

一九六〇年には三女晃子さんが職員になり、寮生は三十名になって、学習室を拡げた。一九六一年には豚舎を新築、同時に養鶏や果樹栽培も始めている。実習農場も拡張された。
共同生活の場であり、学習と生活指導、職業訓練の場としての寮のかたちは、こうしてようやく整った。

火に　なろう

わたしは／ひとつの　ちいさな　おき火に　なろう
けしずみのなかに　そのおき火は　おいて
火をつくろう／／この子たちが　さむがっている
この子たちが　さびしがっている
おやと　とおく　はなれて　くらす
この子たちが／／さむいよ　さむいよ
火が　ほしいよ　と／ないている
そして／ずんずん　ひぐれの雪が／ふりつんでくる／／
だから　わたしが／この　ちいさな　おき火に　なろう
わたし自身が　火に　なろう

この詩は、益雄の次のような心情をよく表している。

「私はこんな子どもの、心の一つ一つを、掌にのせ、あたたかな息を吹きかけてやりたいような気持ちで、暮らしています。それらは、例えてみれば、やっと消し炭についた一点の火のようなので、私はそれにせっせと、この息をかけ、そして気長に大きな火にしてやらなくてはならないのです。生活指導などというものの難しさは、この一点の火を、どうして子どもの心に点じてやるのかということ。そして、どんな方法で、その火に根気よく息を吹きかけ、だんだんに大きなもの、豊かなものにしてゆくかということ。この二つに懸かっているのではないかと思います。」と。

（著作集二巻）

愛ある接し方と子等に応じた綿密な指導計画。練り上げに益雄は心を砕くのであった。

やさしい月夜

もう　ねむってしまった／子どもたちに
まどのガラス戸をとおして／はるの　やさしい月夜が
ながれよっていた／／その／うすあかりのなかに
けらも　やさしく　うたいはじめていた／／
いまからが　わたしの時間／その月のひかりを
わたしの　てのひらに　うけてみた

また、立て続けに著書を出している。『おくれた子どもの生活指導』、『道は遠けれど』、『精薄児の読み書き指導』、『精薄児の算数指導』等を始め、『この子らをひざに』、『痴愚天国』等たくさんの詩集、童謡集をも出した。精薄教育の先達にふさわしく偉大な業績である。原理氏は次の様に述懐している。

学校（特殊学級）と自宅（のぎく寮）の両方での教育実践という多忙な中、父は夜遅くまで読書をし、頼まれて色々な原稿も書いていた。いつ眠るのだろうかと心配するくらい、父の書斎にはいつも灯りが点いていた。原稿といえば、書くのも速かった。ある原稿など日曜の一日で五〇枚も書いていた。下書きなしで、初めから原稿用紙のマス目を埋めるのである。私など到底まねのできることではなかった。

（『この子らと生きて』）

【のぎくの親たちへ】

「寮」は親むけの月報『のぎく通信』を出していた。

ガリ版刷り二十ページ前後のもので、主に益雄・えい子が書き、ときに子供の作文も載せた。「『痴愚天国』幻視行・近藤益雄の生涯」で北田耕也氏は「子ども一人ひとりの消息を伝える筆は配慮に満ちてかぎりなくやさしい」と言葉を添えているが、子どもを固有名詞で愛情を持って捉えている。そこには、「この寮は、信仰と希望と愛とを、その精神的支えとします。（寮の「性格」）」が、見事に結晶として現れている。

春がくる

つらくて、暗い冬、夜尿の後始末や、夜尿の子を夜中に起こすことや、ともかく冬はいやです。

こうして原紙を切っているガラス戸の外に、瀬川さんが日なたぼっこをしていて、さかんに独り言を言っているのも、まったく春です。久夫さんが、涎を、泥に混ぜて、泥んこ遊びをするのも、牧田さんがバケツに残飯をいれて、豚に持ってゆく元気な姿も、みんな春です。寒いと「畑に行かん」と泣く古田さんも、もう泣かずに済むことでしょう。

一朗さんの頭髪もいよいよハイカラらしくなって、職員助手としての貫禄ができ、正之さんは快適に製縄機をまわし、神田さんは馬力を出して薪を切り、ちづ子さんは洗濯を済ますと、羽根をつき、山田さんはひまがあると、春の空をみてわらい、なにもかも、あかるい情景です。

……

（37号／1961年2月20日発行）

益雄は、昼間は特殊学級、夜はのぎく寮と、多忙な生活を続ける。全財産を投げ出し増改築を重ね、種々の設備も整えるが、認可基準に達することができず、公的補助はビタ一文もない。法とは冷たいものであった。

豚でも飼わねばくるしいくらしの雪ふる屋根の傾き　（益雄）

多くの障がい児を入居させ、「のぎく寮要覧」に基づいて教育している益雄だが、「官公私いずれからも、経済的援助を受けず、保護者負担の寮費後援費と私個人の出費によって経営します。」と高らかに謳う益雄だけれど、実は生活の苦しさを抱えている、悩みの心情が迸り出て、心を打つ。

十一月三日には、西日本新聞社より「西日本文化賞」を受賞。祝いの集いを開いた人達に、益雄は「のぎく寮、このみちがわたしのみち」の文字を添えた「自分と子ら」の絵皿を制作して贈っている。のぎく咲く道を子等と歩く微笑ましい温かい絵である。格差の時代、弱者切り捨ての時代と言われる今にあって、日本社会が振り返るべき姿がここにあると改めて実感する。

ここは痴愚天国こどもと雀と春になる （益雄）

付録　朗読劇脚本「のぎく寮」

脚本・演出＝高知「劇団the創」西森良子

（作文大会実行委員長　永山　絹枝）

二〇〇九年・日本作文の会主催「第58回全国作文教育研究大会・長崎大会の夜の部で上演された脚本の一部である。

全国から駆け付けてくれた日本作文の会の仲間達、なずな会の皆さん、一般市民、教師等を中心に、会場に入りきれない程の熱気の中で鑑賞していただいた。

ウエスレヤン大学の内村公義教授を舞台劇の実行委員長に、純心大学の長野秀樹先生に事務局長、そして近藤原理先生と永山が縁の下の力を出し切って毎月、実行委員会を開いて実施できたものであった。

益雄生誕百周年を願う原理先生の熱き志が機動力となった。

後日に、大会に参加くださった清水寛氏からも、

『舞台劇「のぎく咲く　なずなの道――魂の詩・近藤益雄の生涯――」を企画・実現して下さいまして、心より感謝いたしております。』とのお礼の言葉を頂いたことを付記しておきたい。

・音楽五分・ナレーション入る。

・舞台中央に「風の中に一本のマッチの火を守るがごとく」のメッセージがある。

●ナレーション1

長崎県北松浦郡佐々町。この小さな町、戦中戦後のある時期、夏の陽のように燃えていた。その時、町は二万人を超す人達であふれていた。三菱・住友の炭鉱が人々の生活を支えていた。川はそのためいつも、黒く染まり、黒い水の流れる町でもあった。昭和二十八年、知的障害のある子らのための小さな砦――『のぎく寮』がそこにあった。その砦を必死に支えて守っていた一つの家族があった。近藤益雄はその『のぎく寮』を支える大黒柱だった。「野菊よ。その花は貧しくとも風霜に耐えて咲け」

子ども達に対する限りない愛情とその可能性に期待しての命名であった。当時、長崎には知的障害をもつ子供を受け入れる施設はひとつもなく、長崎における障害児教育の小さな灯はここ佐々町から発信された。その灯は小さなおき火となって今も尚多くの人達の胸にともされ続けている。

●えいこ―「お父さん、久しぶりの映画でござしたねえ。」

○益雄―「ああ、ほんとだ。こうやって二人で出かけるの随分なかったしな。」

（もの思いにふけっている益雄をのぞき込むように、えい子）

●えい子―「お父さんの考えちょるること、当ててみましょうか。」

（えい子を見つめる益雄）

●えい子―「さっき見た映画のような仕事がしたか――

あの『むぎめし学園』のような施設をつくりたかあでしょうが。」

（益雄、驚いた顔で見つめる。だが思い切るように）

○益雄―「私には先立つものがないからね。」

●えい子―「お金の心配だったら、せんでもよかです。

そんな時のためにと少しずつ貯金しちょりましたけん。」

○益雄―「貯金ばしとったんか。

ハハハまるで山内一豊の妻のごとあるのう。」

●えい子―「うちは近藤益雄の妻ですたい！

本当の生き方、しとうござんすもんなあ。

苦労が多いでしょうが、いっちょやりましょうや。」

○益雄―「誰かが　ごつごつのベンチにもかけてやらんといかんなあ。この気の弱いちえの遅れた子供も淋しかろう。」

●ナレーション2

その年の九月、母マスが七十六歳の生涯を閉じた。

次男・原理は、山口県立精神薄弱児施設『ときわ学園』に就職が決まり、父と同じ道を歩き始めた。

益雄は　妻えい子と共に、かねてから胸にあった考えを実行に移した。それまで一家が住んでいた小浦の家は、六人の子供の他、『みどり学級』に通うために預かっていた　三人の子供達と暮らすのには、あまりにも手狭だった。そこで、佐々町の元農業学校の、朽ちかけて倒れそうになった古校舎を町から買い受け、どうにか住めるように手を入れ、移り住んだ。

十二月二十三日、『のぎく寮』の創設である。

詩「佐世保の町で」

●質素な生活の明け暮れでしたが、私はこの子たちとの生活に満足していました。

語り1――「Kが母親につきそわれて『のぎく寮』にやってきたのは三月ももう終わりに近いある日の事でした。

母親が自分を置いて帰るなど、夢にも思っていない様子で、Kはただ無心にそばに坐っていました。やがて別れの時がきて、涙にくれて帰っていきました。

その母の後を追う事も、悲しむこともなく、Kは、ぼんやりと門の前に立っていました。」日が暮れかかっても中に入ろうとしないので、「さあ、入ろうや。」という私を「じゃん。」と呼ぶのです。

たまらなく、いじらしくなり、そっとKの前にしゃがんでおんぶしてやりました。すると、急に元気になり、

「あっち　あっち。」と大声で言うと、私の背からすべりおり、母親が帰った行く手をめがけて走り出したのです。

やっと追いつき、「Kちゃん、帰ろう。」と、手を握ろうとすると、Kは、その手をふりはらい、「かあよ　かあよ、あっち、あっち。」

と言いながら、日暮れの道をどんどん歩こうとするのです。少し厳しい声で、

「さあ、帰ろう。かあちゃんはもうおらん。」

と言うと、歩くのをやめ、私の顔をじっと見て、かぼそい声で「じゃん」というのです。

私はKを背負い、とっぷりと暮れた道を二人で引き返していきました。

詩の朗読

詩「泣かなくなった」
詩「ちち　はは」

語り2―私はKを三晩(みばん)ばかり抱いてねました。
夜ねる頃になると、「じゃん、ねんね。」と言って来たからです。
お風呂にも　いつも一緒に入りました。
四月からは一年生です。新しいランドセル、新しいズック、いろんなものがKの名前がはっきり

書かれて、親元から送られてきました。父親が、一つ一つに名前を書いたそうです。

入学式の日、私はKの手を引いて学校に行きました。

「じゃん、がっこ」

「うん、今日から一年生だよ。」

私は、嬉しげに親に手を引かれている多くの親子の姿を見ました。Kの母親の姿が胸によぎります。この喜ばしい義務教育の出発の日に、あかの他人の私に、こうして手を引かれ入学式を迎えているK．いくらこの子の運命とはいえ、このいじらしい出来事を、私は深く胸に刻みつけたのです。

それから一日一日、Kはすっかり私達の『のぎく寮』に慣れていきました。私のことも、いつの間にか「じゃん」から「テンテイ」になっていました。

詩の朗読

（1）詩「花火」

（2）詩「この子をしかり」

（3）詩「わが　あたま」

（4）詩「春はまだあさく」

●益雄語り

嵐の中に灯を守るようなつらい創設当時、寮の庭には、夏草がひざまでの高さに伸びていました。枯れて、夜はさらさらと草の穂がすれあう音に、目を覚ます時もありました。

そんな荒れ果てた家に、私達が住み、家の修理を始めたので、近所の人は驚いたのでしょう、みかん箱の食卓にご飯やおかずを並べて食べるのを、窓ガラスに顔を押しつけ、鍋の中までのぞかれました。

「ちょっと水をくんでおくれよ。」

井戸端で洗濯している近所の奥さんは、遠慮もなく子どもを使いました。男の子は、配給米を自分の家の台所まで運んでくれと、頼まれたこともありました。

子ども達は、預かっている以上、私の子どもです。智恵遅れの子だからといって、黙って使われるのは、嫌なものです。

「寮の子どもさんに手伝ってもらって、助かりました。」

とひと言、いって下さらぬものかと、侘しく思いました。

●えい子語り

寮にはいろんな人が出入りします。電気屋さん、郵便屋さん、運送屋さん。誰がきても、「お客さま」

と、子ども達に教えています。

ある日のこと

●子ども―「おばちゃん、お客さんですよ。」
（子ども達が呼んでいます。急いで外へ出ると、黒いカバンを提げた人と、大きな荷物を背負った人が立っていました。）

物売り―「おかみさん、真綿の布団、買ってくれんかね。」

「安くしとくよ。」

（二人の男が私に迫ってきます。）
●えい子―「そうでございますね。ただ今、お金がございませんから！」
（私が困っていると、十人ばかりの子ども達がこの二人の男と私をとり囲んで、）
●子ども達―「お客さんは、どこから来たとね。」
「真綿の布団は十円ね。」

（などと騒ぎ立てます。黙って男の顔を見つめる子もいます。子ども達がたてこんでいて、荷物がおろせず…）

物売り―「ええ！こりゃ、商売にならん。ここはいったい何じゃ。」

（二人の男は、立ち去りました。）

私を押し売りから守ってくれた子ども達です。

●えい子語り

私が、寮の子達の家に手紙を書いていると、そばから子どもがのぞき込み、

「あら、おばちゃん、よう勉強ばするとね。あ、《み》の字を書いたね。じょうずね。」

そうほめてもらいました。

そのうち、散らかっている机を見て、

「ちょっとかたづけてやるね。」

机の上のノートや筆立てをなおしてくれているうちに、インクがひっくり返ったりして、あわてて雑巾を取りに走ったりと、ゆっくり手紙も書けなくなります。

「おばちゃん、くつしたがやぶれたから　ぬってください。」

と、足を出す子。

穴からじゃがいものような丸いかかとがのぞいています。

●二部フィナーレ

私にできることは、この子ども達の世話をすること、ただこれだけです。私からこの子達を取り去ったら、後には何も残るものはありません。子ども達に守られながら、夫とこの道を歩こうと思います。

上演に寄せて

長崎純心大学客員教授
元共同生活の家『なずな園』近藤　原理

劇団「創」が父・益雄を演じるという。こんなうれしいことはない。

演題は「のぎく咲くなずなの道」。

「のぎく」とは「のぎく学園」、つまり益雄が、教え子を戦場へ送り、愛児を原爆で死なせた悔いと悲しみの中から始めた障がい児たちの生活学舎「のぎく学園」（昭和28年創設）のことである。「なずな」とは、障がいをおったおとなのための共同生活の家「なずな園」（昭和38年創設）のことである。

私どもは、地域で障がい者と共に暮らしながら、その生涯にわたる支援のあり方をさぐった。毎夏の「なずな合宿研究会」には延べ三千二百名が集い、実践を交流し、連帯を深めた。

詩人としての繊細さで子どもをうたい、生活と教育を結ぶことで子どもの可能性を一段と広げた益雄。「のぎく」の仕事は「なずな」へと受け継がれ、そのこころ」は、今、いろいろなかたちで多くの人へ感動を与えている。

文化の夕べ

～魂の詩　近藤益雄の生涯～

火になろう

わたしは
ひとつの　ちいさな　おき火に　なろう
けしずみの　なかに　そのおき火は　おいて
火をつくろう

この子たちがさむがっている
この子たちが　さびしがっている
おやと　とおく　はなれて　くらす
この子たちが
さむいよ　さむいよ
火が　ほしいよ　と
ないている

そして
ずんずん　ひぐれの雪が
ふりつんでくる

だから　わたしが
このちいさな　おき火に　なろう
わたしも自身が　火に　なろう

劇団・the・創
西森良子さん
からの
皆さんへ

３０日早朝５時に高知を出発し，とうとう夕方長崎入りを果たしました。今日の本番に向けて最後の追い込みです。私たちはこの二年間，一歩一歩長崎作文の会の皆さんと一緒に『のぎく咲く　なずなの道』近藤益雄の生涯への舞台づくりの道をあるいてきました。

近藤益雄は長崎の偉人であり，また，長崎で誰よりも早く障がい児教育の火を灯した人ではないでしょうか。実践なくしては発言権なし一子どもたちと懸命に生きた日々一みどり学級・のぎく園・なずな園へと続く道。

その実践の中で生まれた言葉「のんき・こんき・げんき」，その言葉はこの道で生きる人たちの心を今でも励まし続けています。

劇中「ほんとうの　生きかたがしとうござんすもんなあ」という言葉があります。ほんとうの生き方って何だろう？　私たちも今生きていく中で，ずっと追い求めているのではないでしょうか。

生きるって・・・命って・・・今のこの時代だからこそ，この思いを長崎から発信したいのです。どうか１人でも多くの方に，この劇を観ていただけたら・・・とねがってやみません。

涙・なみだ・涙！
「のぎく咲くなずなの道」

― 魂の詩　近藤益雄の生涯 ―

劇団「The 創」熱演！

　最初から最後まで，感動でいっぱいで涙があふれて仕方ありませんでした。とてもいい公演に出会えて，今日は幸せいっぱいです。

　いい劇でした。感動しました。「本当の生き方」実践できる人にならなければ！ありがとうございました。

　とてもよかったです。私の知っている詩もいくつかありました。本当に本当に，この題材を，近藤先生を取り上げていただきありがとうございました。

　子どもたちの声，益雄の思い，うた，歴史背景をふまえたことなど，とてもよかったです。最高です。

　役者さんたちの演技が自然で，本当に益雄先生が，えい子さんがそこにいるようでした。少しでも益雄先生の志を受けついだ生き方を私もしたいものだと思います。

　いろいろと考えさせられました。専門家になってしまって，おごる心をもってはならない，すごく心にしみました。

役近藤先生の子どもたちへの熱い思いがひしひしと伝わってきて，胸にぐっときました。熱い思いを胸に，私も又，原点に戻りたいと思いました。ありがとうございました。とってもすなおな子どもたちでしたね。

　役者さんたちの演技が自然で，本当に益雄先生が，えい子さんがそこにいるようでした。少しでも益雄先生の志を受けついだ生き方を私もしたいものだと思います。

　今もう戦争をする時代じゃない。戦争をしない，戦争に反対する人間をつくることが，最も大事な教育である。

　今の特別支援教育をその当時から考えられておられ，早期退職後，のぎく学園を運営されたことに頭が下がります。劇団も上手でした。

役すばらしい劇でした。その中でも一番よかったのはバックミュージック。どうしても断片的になりがちな場面をみごとに繋いで気持ちにそってくれました。子ども達もしっかりきたえられていて，思いっきり演技していて感心しました。近藤先生の人としての生き方に，そして不屈の精神・やさしさに感動しました。有難うございました。

十五、第二詩集『ちえおくれの子たちと』

――新美南吉と八木重吉と――

益雄は生活の合間、しごとの合間に、たくさんの詩を作った。

第一詩集『海』から第六詩集『木のうた』まで。益雄自ら第二集と銘うった詩集を出すのは、障がい児教育に入ってからの、三〇年後の一九六〇年三月、五三歳の誕生日のことである。

息子の近藤原理氏も

「父・益雄は中学校時代から詩作をたのしみ、『炬火』同人として活躍。昭和五年、二十三歳で詩集『海』(日本文学協会)、あくる年には童謡集『五島列島』(北方教育社)を出版している。

そうした詩作は戦中・戦後も一貫して続いた。特に、ちえ遅れの子ども達との触れ合いのなかでうたった詩は数多い。

幼くして父を失い、多感な少年時代をさびしく母子二人で過ごした平戸という歴史とロマンの島が、益雄をしていっそう抒情的な詩を作らせ、それはちえ遅れの子らとの触れ合いで益々研きがかけられていった。父・益雄は教育者であると同時に詩人でもあったのである。」と紹介している。(「道おなじくして」)

今回とり上げるのが、第一詩集『海』と第二詩集『ちえおくれの子たちと』(謄写印刷)である。

第一詩集は大学生時代に創作した詩集、第二詩集は一九五三年（四六歳）、「のぎく寮」創設と特殊学級担任と兼務した頃の詩集である。先ずここでもう一度、「詩人」としての基盤となった「第一詩集」を紐解いてみたい。

【新美南吉との共通点】

「益雄と『赤い鳥』」を話題にするとき、同時代に活躍した南吉の姿が彷彿としてくる。二人には共通する部分が多い。

益雄は、一九〇七（明治四十）年生まれ、南吉は一九一三年、益雄が六歳上だ。二人とも中学時代に詩や童謡の創作を手掛け、はや一定の評価を受けている。

益雄は猶興館高校時代に文芸サークルで活躍し、大正デモクラシーの影響を窺わせる社会評論「恵まれたる者」を同窓会誌に発表。

一方、南吉は、半田中学校二年生の頃から童謡、童話を創作し、鈴木三重吉や北原白秋の目に留まっている。

両者とも、「赤い鳥」の投稿を励みに文筆活動に勤しんだ。

二つ目の共通点は、幼くして愛する者を失くしている事。

益雄は六才で父が病死。母親の生地・平戸に移住。

南吉は四才で母を亡くし、ひとり祖母の元へ。

従って彼らの作品には、どこか孤独と哀しみが滲む。それゆえに寂しい者への眼差しや感受性がつよく、温かい。

またそこから希求される他者との交流を通して愛を描くことを志向していく。

第三の共通点として、どちらも教育の道を目指したことである。

南吉は、半田第二尋常小学校代用教員時代、「ごん狐」などの作品を書き、「赤い鳥」に掲載され、一九五六年、巽聖歌が編集委員を務めた大日本図書の小学四年生用国語教科書に採用される。巽聖歌の南吉への支援は絶大なものであった。南吉は巽を信頼し、命を削るように多くの物語作品を書き残す。その後、「ごんぎつね」は、日本で最も読まれる児童文学作品の一つとなり、彼の名を不朽のものにした。

一方、益雄は、国学院大学高等師範時代に、桜楓会の巣鴨「細民」地区の託児所でセツルメント活動をしたことから自由主義教育（国家主義的な教育や教師と教科書中心の教育から子どもを解放して、もっと自由な児童中心主義の教育を実践しようとした）などに出会い、科学的に社会を見る目や弱い立場の者への温かい眼差し、ヒューマニズムの精神を身に付ける。

また、なんと幸いなことに生涯の相棒（同志）となる妻・柴山えい子（一六歳）と巡り合う。芯の強い母の愛をバックに、心逞しい妻という応援者を得た益雄は貧しくとも幸いであった。実践一すじに励むことができたのである。

一九二八年二一歳の時、上志佐尋常高等小学校の代用教員となり、綴方教育の優れた先輩達・今井譽次郎や小砂丘忠義らの影響を受け、教育者として深く思いやりのある教師へと成長していった。また「北方教育社」の社友となり北方教育運動との交流も深め、第九号に「綴方の一分野としての童話について」や詩「朝」「センチメンタル楽手」を執筆。文集「勉強兵隊」は仲間達から多大な評価を受け、思想的にも高まっていく。

そこで益雄は、第二の出発の意味を込めて、書き貯めていた作品群を第一詩集『海』（日本文学協会）として封じ込める。

即ちこれまでのロマンティシズムからの脱皮を図り、心は一層深く、見つめる眼力は一層確かなものになって、更なる飛躍を図ろうと前進していく。

この様に新美南吉が児童文学作家への道を歩んだのに対し、益雄は綴方教師としての道を歩みながら、子等に愛を燦燦と注ぎ、それをモチーフにした詩作品を紡ぎ出していった。

「第一集『海』」について少し遡っておこう。
——見事な結末は見事な出発だから……——

『海』（昭和五年／日本文学協会）は、主に中学生時代から大学生時代に創作した約千に近い詩から三十二篇を自薦した作品集である。川路柳虹（炬火主宰）、村野四郎、能村潔（國学院大学）ら三人が、「序」を寄せ、特に、川路柳虹は次のように、師として心ある評価と、次へのステップを示唆している。

「近藤君は私たちの『炬火』から生まれた詩人の一人だ。（略）近来稀に見る素直な美しい抒情にぶつかつた思ひがする。

そこに動いてゐるものはもっとも情緒的な波だ。そして日本語の正しいイントネーションを巧みに綾(あや)なしたリヅムだ。抒情詩が持つ最もナイーブな感動の言葉である。」

と記し、さらに師として

「君の詩の洗練と形式的完成がこのまゝであつてはならない。感動の内容が深まり、思念の界が拡まり、そしてそれを表現する語彙格調に清新溌溂たる生気を保有することを忘れないならばこの正しい抒情の波は更に大きい飛躍の日を見るだらう。

君の持つ情緒の優しさ、しなやかさ、生々(いき)しさ、細かさ——それは得がたい詩才の一面である。多幸を祈ると共にこの処女詩集の良質を詩壇に推薦する所以(ゆえん)である。」と奨励している。

益雄研究者の第一人者である清水寛(ひろし)氏も、内容の概略を

「手におさまるような小さな詩集『海』一巻は、益雄の少年期から青年期までの抒情詩の結晶のひとつであり、ふるさと平戸の群青(ぐんじょう)の海の色と香ばしい潮風が詩心を育む揺籠(ゆりかご)となって産声をあげた〈青春の詩集〉である。異性への憧れや思慕、恋愛の感情、あるいは青春期特有の鬱屈した気分、さらには肉親や親しき友への優しい心情を、純粋かつ優美な言葉と清明かつ繊細な韻律をもって謳(うた)っている作品である。」と纏(まと)めて紹介する。

明日は土曜日

明日は土曜日——／窓の敷居にまたがつて／水田にたつやさしいさゞなみをみながら／
さゞなみをひるがへるつばめをみながらわたしはふるさとを思ふ／ふるさとの海を、海の

さゞなみを／明日は土曜日――／明日はふるさとにかへつて来よう／ふるさとの海よ　海のさゞなみよ／さゞなみにちらちらする日のひかりよ／そのずつとむかふの町よ　町の煙突よ
煙突のうしろの緑の山よ／港町は夕方になると／荷あげ唄がきこえることだろう／おれんぢいろのともしびが花のやうにつくだらう／わたしは母とふたりで町に買物にゆくだらう
母はわたしのうしろから／わたしを眺めることだろう／
明日は土曜日――／一晩どまりにかへるふるさとを／ひとりでおもふ／仕事のすんだ教室の窓から／水田のさゞなみを眺めながら…

母へ

わたしは詩をかいてゐるのです／いんくが光つてゐるのは
炉の丸太が明るくもえてゐるからです／そしてわたしのふるさとにいらつしやるお母さん／ぐみ子は白い足袋をつくろつて／針の光りが夜ふけです／雪がふつてつもつて今日もまだとけません／お母さん　お一人でさびしいお母さん
まだおくつて下さつた白い餅はありますよ／やいてたべてあついお茶に眼鏡をくもらして／わたしのお母さん／あなたのお顔があらはれてまゐります

母への思い、故郷への思いが謳われており、母ひとり子ひとりであった益雄の心情がよく出ていて、ああ、こんなに素直で母を恋する子だったのか……。

植物園叙情

温く芽を吹いた木蓮のしたで／縄をとんでゐる子供／／
温室のまはりの芝生で／ぼうるをけつてゐる女学生／／
水盤の睡蓮の花に／まひるの白鳥の遊泳に
乳母車の子供帽に／夫人の白いはんかちぃふに／／
ああ　なんでこんなに／わたしはさびしいのだらう／／
遠いふるさとのこひびとをおもつてゐるのに
そしてあのひともわたしをおもつてゐるのに／／
ぶらんこよ／わたしのかなしみをふつておくれ
春のうきうきした空にまで／やさしい

益雄は二〇歳で柴山えい子（一六歳）と結婚、山口村尋常小学校へ赴任。別居である。翌年の一九二八年（昭三）に長男・耿（あきら）氏が出生。当時は金融恐慌で若槻内閣退陣、関東軍による張作霖爆殺事件、治安維持法改定、内務省に特高警察課設置の時代背景のなかであった。

これ等の詩群を、村野四郎氏が以下のように高く評価した。「僕が近藤君を知ってから、ずゐぶん永いこと経つ。そして近藤君は僕の知つてゐる限りでは最も純粋なリリシストだつた。よく憂鬱さうな顔をして訪れては黙つて実に美しい詩を見せた。その度に僕は彼の体から花でも咲くような気がした。その調子はほんとに美しいうるほひに充ちて、うら哀しかった。澄みとほつた純真さは、ある虚無感をさへみちびきだして、切々と胸にせまるものを感じた。「つまらない日曜」「鶫」「これからさきも」「やさしい詩人」といったような抒情詩、これらの詩に対して、今日のどんな詩人がこれに匹敵する詩を示すことが出来るであろうか。「鶫」の一篇は実に逸品といい度い。

然し今の彼はこの書の跋で、すべてこれらの過去の一切の抒情詩に刃をあてたいという。これは恐らく単純な稚気ではないだろう。僕にはそれが解る。今日の僕らは、これらの感傷や空想に倦き果てたのは事実だ。既に僕らの望むものは抽象された感情ではないだろう。近藤君はこの詩集によつて、過去一切の詩の結末をつけようとするなら、その結末は、また此上なく陸離としたものであることを証明するところのものであらう。見事な結末は見事な出発だ。」

また、上村筆（諫早市「河」主催者・詩人）も、「言葉自体が、貝殻のように光って、青春そのものといった、若さに輝いた作品集であった。」と、能村潔（大学学友・「海」刊行に尽力）は、「詩的態度やその技巧は、……著者にとつて、も迅くにかゝる美は過去に脱ぎすててしまつてゐるところのものである。にも拘らず、この『海』一巻の有つ魅力は恐らく永遠に抹殺することのできない深い所に在る。」、そして綴方仲間の国分一太郎は、「ことばが、どこか濾過をくぐりぬけてきたような洗練された、情緒に富んだ詩であった。」と、評した。

やさしい詩人

柱鏡を時折揺(ゆ)すつては、うち鳴らしてゆく、秋のひるのそよかぜのやうに／わたしの詩がひとのこころをすぎてゆく／い丶え、わたしひとりだけのこころをしづかに、揺籠(ゆりかご)が揺するやうな／そんなやさしい詩をかく／やさしい詩人になりたいと思ふのです／ひとりほうせん花で爪をそめるやうに／だれのためにでもない、嘆息(たんそく)のやうな詩をかく、やさしい詩人に――／遠い遠い思い出を詩にして／こころではひつそりないてゐる、そんなやさしい詩人に／わたしはなりたいと思ふのです／ひとにわかれて来た夜には／はかなくわかれて来た夜には／しぐれをききながら、そのひとのことを思ひながら／わたしは思ふのです／涼しくなつてもまだ木かげなどでときめいてゐる、秋のほたるのやうに／やさしい詩人になりたいと／たゞやさしい詩人になりたいと――

（詩作品は『著作集7』よる）

【自分で刀をあてる】

それでも自らを振り返り、さらに高まろうとする益雄。

「これらの詩には自分ではもう嫌悪を感じている。こんな抒情詩は甚だしく時代後れであるし、自分の現在の生活はこんなものでは勿論ないのであるから、この詩集はすでに昨日のものにすぎない。（略）兎に角自分の詩のかやうな傾向には自分で刃をあてるつもりだ。（1930）」

と述べている。自分を作り替えようとする若さとエネルギーに溢れる益雄だった。

その途上とも言える作品が、同人誌「海軟風」等にあり、光に満ちる清々しい朝の風景のなかに労働者の姿（「島の漁師の健康な顔……」）が挿入されている。

朝

嬰児（みどりご）が無心に熟睡からさめるやうに／島の家は朝の静かな窓を開ける／太陽は碧空（へきくう）に温かい光を躍らし／つゝましげな雀は／ひそまつた家の間の黒土に／明るい小唄をうたつて餌を求める／海は凪だ　温かい青さだ／海鳥の純白な羽搏（はばた）きが／静かな律調で島の朝を賑やかにする／私は今朝もこの清朗な情景に心を躍らして／四合の米を瀬戸物の釜でといでゐる／その傍（そば）を素朴な朝の挨拶をして通るのは／島の漁師の健康な顔である

（「海軟風」第2巻第2号／1925）

また次の「郊外風景」にも、掛声をそろえながら鶴嘴（つるはし）をふるい、工事に勤（いそ）しむ線路工夫達の労働する姿がスケッチされている。「いつかは幸福を掘りあてるだろうか　美しい汗が……」と言葉を添えている。

郊外風景

麦の穂の熱ばんだ波の上を／雲が閑雅なさんぽをしてゐる／爽やかな五月の晴天に／掛ごゑをそろへながら鶴嘴をふりあげてゐるのは／鉄道線路の工夫たちだ／あんなに単調に、機械的に／絶間なく、はたらいてゐたら／いつかは幸福を掘りあてるであらうか／美しい

汗が明るい日光に花のように匂ふてゐる

（「炬火」第四号・曙光詩社／1926）

このように、益雄自身が昔の自分の詩を否定する成長具合、富を生み出す労働（者）の尊さを詠うようになる変化。

目を瞠るものがある。

【仲間達の励まし】

1、南浜伊作

リアルに見つめる眼が感じられるし、ともに労働した喜びがリズムとして出ている。近藤益雄は労働を通して学び合うことを一貫して考え、実践もした。

2、田中末廣

近藤君は詩人である。仏蘭西の詩人フランシス・ジャムを愛する、純真な、そして素朴な詩人である。／そしてまた、君は教育者である。純朴な南仏蘭西の田舎で生活してゐるジャムのやうに、今、君も故郷で生活し、そして子供たちを教育してゐる。（略）君の努力は真にそれが詩への愛、郷土への愛をもって出発してゐて……詩の教育のみに止らず、郷土の文化そのものの啓培にまで発展することであろう。

これら仲間達からの熱い支援は益雄を励まし、また逆に、仲間を高める方向に動いたことであろう。

【障がい児教育に入ってからは、五つの詩集】

益雄は子供も生まれ、生活は貧しく厳しくあったが実に教育愛に溢れ、実践家であり、組織者でもあった。その上、真摯な暮らしの日々の感動を、克明に詩に刻んでいった。

それらの詩には、語句の繰り返しと韻の効果・軽快なリズムがバックにありながら（宮沢賢治の詩の影響を受けたかもしれない）、その一つひとつの語句には命が籠り慈愛に満ちている。

――第二詩集『ちえおくれの子たちと』（謄写印刷）――
八木重吉の作品を想起した木下和郎

私は「新美南吉と近藤益雄」の共通点を述べたが、同じ地元の長崎県小長井（こながい）の、教師でもあり詩人だった木下和郎（きのしたかずろう）は、「八木重吉と近藤益雄」（二人ともキリスト信徒）にそれを見、詩論を機関誌『河』に次の様に発表した。益雄は、一九六一年、詩サークル「河」（主宰・諫早市・上村筆（かみむらはじめ））の同人となっていた。

八木重吉は明治三十一年生まれ、やはり兵庫県御影師範学校教諭として任職している。益雄は明治四十年の生まれ、九才の年下であった。……同じ県で、同じ教職にあり、同じ国語科の教師でありながら、私は近藤益雄を知らなかった。知ったのは、おそらく上村筆（かみむらはじめ）の個人誌「河（かわ）」に発表された作品と、知恵おくれの子達の記録によってであった。……私が知ったころ益雄は有名であった。多年の益雄達の努力によって、漸（よう）く精薄児教育の必要さに人々の関心が向き始めたのだ。……私の詩集「斧(おの)の花」に温かい言葉をもらっていた。……一年ほどしてガリ版刷りの『ちえおくれの子たちと』という詩集をいただいた。…

くさはらにいたら　この子がひとりきて
つゆくさのちいさなはなたばをつくってくれた／／
夏から秋へと　青さをこくしてきた花は
しとどのつゆに　ぬれていた／／
このこのちちとははとは
こんな秋にとうとう　わかれてしまった／／
こおろぎが／わたしのあしもとで　しきりにないた／／
この子は　ひとり／いつまでも　わたしのそばにいた

「益雄は『このこのちちとははとは／こんな秋に、とうとうわかれてしまった』とさりげなく歌うのだけれども、この子達の防波堤となるために、いかに多くの生臭い現実が、詩人の上に覆(おお)い被(かぶ)さって来たことか……。そこには、人間の修羅の如き生活から社会問題、政治問題へと犇(ひし)めいているのだ。……私は近藤益雄の詩を読んだとき、すぐ八木重吉(やぎじゅうきち)の作品を思った。

『……無技巧的と言うかもしれないが、技術とは先ず、こんなものを言うのである。思ったことを書けることが技術の最後の姿勢でありその他にはなんにもない……』

と、草野心平は八木重吉の「覚え書」の中に記(しる)している。
近藤益雄の詩にも、そのことは言えるのではないか。……」
と木下和郎は結んでいる。

【第二詩集『ちえおくれの子たちと』に掲載された作品】

どこに　かくれて　いるのか
子どもよ／わらいごえだな
あの　くもに／落ちてゆく　日

わらっても／なきごえに　なる
ないても／わらいごえに　なる／／
すこしばかりのひなたに／しゃがむ　子よ

月のひかりに／目を　さます　あかつき／／
月のひかりに／ねむりに　おちてゆく夜／／
とおく　おやと　はなれて　くらすのも
この痴愚(ちぐ)の　ゆえ／／

かなしみも　しらず　さびしさもしらず
ときに　うれしげに　たわむれる

神よ／この子の　いのりが／おわかりでしょうか
ことばには　ならぬ　いのり／／
とおくの山に／かなかな

平戸藩主はポルトガル貿易への期待で布教を許し、領民の多くが信者になった地域である。妻・えい子も信者であった。

益雄は、一九五六（四六歳）年にキリスト教に入信している。なずな園の門柱には「信仰、希望、愛」とあったから、障がい児教育に深く関わるようになってからは特に、益雄の核心にあるものが、「愛」に比重を置かざるを得なかったのではないか。

愛は一般に対象となる人間の理解の度合い（深まり）と、そのことにより対象に同一化していく度合い（深まり）と密接に関係する感情である。対象が子どもであるならば、その子どもを慈しみ、かわいがる感情となり、その子どもの幸せと発達、生活の発展に尽くそうとする気持ちに満たされるものだろう。

草の花に／たたずむ／日が　くるるまで／／

木のはしのように／たたずむ／／
そして／やがて／かげのように　きえてゆく

ちちはは　ないて　わかれていったが
この子は　なかぬ／／無心／／
葉をのこさぬ／さくらこずえの／みのむし　ひとつ／／
そこに／ひとみを　あそばせて／この子は　なかぬ

うたかと　きけば／つぶやきのように
つぶやくかと　おもえば／うたうように
ひなたに　いて／この子が　ひとり
ことしも／あきの　ひなたに
うたうように／つぶやくように
そして　ひなたは／かなしいほどに　あかるい

地べたに／小石をならべて／なにか　いう
秋の日ざしに／せなまげて／なにか　いう
そして　ながい　ながい　時が　たつ

ゆめの　うつつに／てのひらを　み／／
そらの／あかるさを　み／この子よ／／
ひっそりと／冬が　くる

砂のうえに／砂を　もり／いつまでも／砂を　こぼし
その砂の山から／ひとすじの虹でも／たちのぼるのか
ひるげのかね　にも／うごかず
砂を　もり／砂を　こぼし／この子が　ひとり

完全に益雄の心は子どもの心に。

「てのひらのくろいたねに　こころはむかず」

と、その子の心と一緒に悲しみに寄り添う益雄のやさしさ。

かれた　つるから／こぼれる／あさがおの
くろい　たねを／うけている／ちいさな　てのひら
ちちのことを　いい／ははのことを　いい
てのひらの／くろいたねに／こころは　むかず

自分の生涯を詩作の形で記録すること、それは綴方教師としての「子どもに書かせるばかりでなく教師も書く」という信条であり、喜怒哀楽を吐露し反省する場でもあったかも知れない。

障がい児教育の仕事は、時には砂の上に砂の塔を築いている虚しさも感じることがあったろう。教えることへの迷い、仕事の儚さが身に応えることもあったかもしれない。

「この子達を、ほんとうの人間として生かしたい。発達の躓きを持っているからと言って、この子達の教育がお座なりにされてなるものか」この強い意志が、益雄を支え、そこから産み出されたものが、愛の雫玉「詩集」であった。

＊付記

嬉しい報告である。二〇一八年十一月三日、長崎新聞が一ページトップ記事として「法の下の平等」のタイトルで近藤益雄を採り上げた。しかも、十一頁にも「日本国憲法公布72年」として、「近藤益雄・知的障がい児とともに」と、その一生の実践も紹介。一人ひとりの小さいな声の集まり・願いが記事ならしめたこと、今の時代が切実に益雄の実践に学びを求めている証であろう。

十六、第三詩集『この子をひざに』
――ちえおくれの　子どもたちと――

この子を　ひざに
まるたが　もえて
うつくしい　おきに　なるまで
この子を　ひざに　のせていた
この子は　いつか　ねむっていた
ゆきが　ひそひそ　ふっていた

益雄三冊目の詩集が、一九六一年に纏められた、『この子をひざに』（謄写印刷）である。手元にある詩集は、ガリ版で刻んである楚々としたもの。夜、子等が寝静まってから作成されたのであろう。一日の出来事を思い浮かべながら、にこっとなったり、明日はこんな対応をと自己反省しながら次のめあてを決めたり、そんなありのままを詩作する益雄の姿が見えてくる。

手持ちのお金も充分でなく、妻・近藤えい子氏の「地虫のはうごとく（7）」に依れば、詩を書いて、詩集の出版なんかできないからと、がり版で夜ふけ、鉄筆の音を私の枕もとでする時がありました。眠い私は、近藤の詩がどんな淋しい詩であったか、夢うつつで、その詩を聞いても、覚えている事はできませんでした。

と述懐しているが、教育愛に溢れた「詩集」である。

益雄は「あとがき」に、

ここに集めた三一編の詩は、昨年の春に纏めた、第二詩集『ちえおくれの子たちと』に続くもので、やはり「のぎく寮」で、ちえおくれの子どもたちと寝起きを共にしている私の日記みたいなものです。私にはもう、こんな詩しか綴れなくなりました。道一すじに、ここにしか私の生きる道がないからです。

「無芸無能にしてただこの一道　つながる」

と　言った芭蕉を今更のように仰ぎ見たい気持ちです。

この粗末な一冊を私の親しい方々へお送りします。

お読みください。そしておハガキの一枚でもお送りくださいさい。

一九六一年一月二九日／のぎく寮　近藤　益雄

と書いている。五四歳の時である。

ところで気になるのが「ここにしか私の生きる道がないからです」の言葉である。その内面にあるものは何であったか。

五〇年代には、益雄は作文教育の復興ために大いに活躍し、大村市で百田宗治を招いた児童詩研究会には県下から四百名の参加。第一回西日本作文教育研究大会（広島）には県内から二百名が駆けつけ、第二回は大村市で開催。数百名を集めて生活綴方教育の大きな波を起こしていた。また、長崎大学学芸学部生活綴方研究会（その一人が筆者である。）も機関誌『生活の仲間』発行し、県内の作文教育運動は全国的に誇るに足るほどの昂揚ぶりであった。

しかるに六〇年代に入ると、ベトナム戦争勃発、東西冷戦激化（キューバ危機）ベルリンは壁によって東西に分断された。国内に於いても新安保、小中新指導要領全面実施、全国中学一斉学力テスト等、歴史的・教育的にも反動の嵐に揺れていた。

長崎作文の会の事務局は大村市へ移り、県民教研を結成し、十五のサークルが登録、そのうち八つは作文の会という盛況ぶりだったのに、その中心的存在だった原田真市（筆者の西大村中学時の恩師）は逆流を押し止めようと県教組執行委員となる。

その激しい闘いは、「広域人事」という切り札で、良識ある教職員（組合員、サークル員等）は島流し（不当人事）という憂き目にあい苦難と分断に泣かされ、「長崎作文の会」も風前の灯火となっていた。長崎大学生活綴方班で活動していた筆者の例をとっても、一九六七（昭四二）年に教育学部を卒業すると、五島の僻地（三級地）本釜小学校に辞令となってから、希望地の故郷に戻るまで、五島のＣ地区に六年、西彼杵郡のＢ地区に九年等、ほゞ十五年間、点々と異動させられたのである。

訴え願ってきた平和の陰りと「綴方の仲間」という片手を捥ぎ取られ、体力の限界を感じる年齢になった益雄は「ここにしか私の生きる道がない」との「つぶやき・決意」になったと筆者は思うのである。時代の非情な波に飲み込まれそうになった益雄は障がい児教育に没頭しつつ、残りの人生で今すべき事として、これまで書き留めて来た第二集からの「詩集」の纏めに入る。詩誌『河』が諫早洪水から立ち直り、復活されると早速入会。

書くことは彼を生涯に於いて懐大きく包み込む大地であった。

ところで、第三詩集『この子をひざに』は、同じタイトル（表題）で四回発刊されている。

この稿で取上げた詩群は、一九六一年に益雄自身によってガリ板謄写印刷されたものであるが、二度目の出版は、一九六六年に追悼詩集として妻・えい子氏を中心に「河」の仲間達の後押しで黄土社から。（第四、第五詩集等の作品も含む）。

その後、息子・近藤原理氏の手によって、一九八三年に「泉書館」から。作文全国大会（二〇〇九年長崎大会）を盛り上げようと、二〇〇六年に日本ブックエースから発行されている。

上村肇(かみむらはじめ)が「河」復刊で

こんど詩誌「河」を復刻した。…昭和三十二年の大水害に遭って、肉親四名と家財の全てを失い、文字通り裸一貫になってしまったため、休刊の形になっていたものである。…「果樹園」の同人でもあった、直木賞作家の伊藤桂一、また北松の佐々町で精薄児の教育に身を捧(ささ)げている近藤益雄らの参加に加えて…、木下和郎、森英輔…、面々も加わった……

「詩は才能ではなく体験である」とは、外国の詩人の名言だが、その体験を高度のものに志向し実践してみたいというのが私の一面の願いでもある。この点、近藤益雄などは仲間ながら、見事な道を歩いている詩人というよりほかはない。

(「毎日新聞」1962)

と、述べていたが、

追悼詩集『この子をひざに』の「序文」でも、

秀れた作品の背後には、必ずと云ってよいほど、厳粛な現実が顔を潜(ひそ)ませているものである。この現実の相が、厳しければ、きびしい程、作品と云ったものは、平易な表現でもって、一見さり気なく歌はれていることが多い。詩は才能ではなくて、体験であるとは、マルテの手記の中において、既にリルケが云っている言葉ではあるが、生の体験そのものが詩であるとは勿論思わないが、背後の現実が無(な)くては、例(たと)え非現実に物を書いても、胸をうつ作品には成(な)り難い。…

近藤益雄は、詩として三行の作品の言葉の表現に苦しむよりも、かたえに、ぼんやりとして佇（たたず）っている、精薄児の子の頭を、黙って撫でる詩人であった。その方が彼にとっては、最も手近な詩の世界であった。

詩の本質と云ったものは、矢張りそうした基盤から発光し、昇華するもののようである。…本詩集は、彼の多くの作品の中から、滴（したた）り落ちた清水の如き作品のみを、伊藤桂一（いとうけいいち）、堀口太平の両詩人と選出したものであるが、捨て難い作品もこの外に多くあったことを告げたい。願わくばこの詩集が詩壇人の良識に一致することを念うと共（とも）に、一般多くの人々の社会的な関心に、訴うるものがあれば、詩人近藤益雄氏の霊も休まるというものであろう。

上村　肇（はじめ）

これに付随するように「河」の同人・森英輔氏も

「昭和四十一年に黄土社から近藤益雄の詩集『この子をひざに』が出版された。この本は夫人が吉川栄治賞を受賞したりして一躍有名になったが、この本の出版人である上村と私は、この本を両手に抱えて、佐世保の町を、のぎく学園に関係のある人達の住居を、訪ね歩いた。」と協働の呈を記している。

『この子をひざに』は、実に慈愛に満ちた詩群が続く。

六十年代に西大村中学校で教壇に就いていた神田稔氏（筆者の恩師）も、「阿蘇の大自然の中から湧き出る透き通った真水を口にした感覚です。」との読後感であった。

【『この子をひざに』の作品群】

シーソー

この子と／シーソーをゆりながら
いつまでも／いつまでも／うたえば
この子の　かおの／ほそいめの
しあわせそうな
あゝ／いつまでも／いつまでも
日が　くれるまで

はじめてのよる

とおく／とおく
ちちははを／はなれこし子よ／／
こよい　はじめて
わが　かたえに　ねむる／／
その　まくらの／ちいさくて
まくらおおいの／ましろき

温かい眼差しが感じ取れる詩である。益雄は言う

「子ども一人ひとりを大切にすることから始まる。そして長続きすること。「のんき・こんき・げんき」だ」と。

息子・原理氏も告げる。

「なによりも父の詩の底に流れているちえ遅れの子への温かい愛。これが無くては、共に生きることはできない。共に生きるとは、相手の心を心とすることである。温かい愛の出発点は「子ども達と起居を共にすること」なのだ。益雄には、全てを捧げることができる人間愛がまずあり、そこから教育方法が生まれ、詩人としての益雄が生まれたのではないかと思う。…」と。

ストーブのまえで

まきストーブ　もえさかるまえに
あぐらを　くめば
この子　はせきて　とんと　のっかる
この子　そっと　きて
たんとんと　かたをたたく／＼
かくて
ほか　ほかとあたたかし　あたたかし
わが　からだ

月に一度、のぎく寮機関誌「なずなの花」が発行されていた。書くことができる子どもには文章を、表紙にも子供の版画やクレパス画を利用した。益雄は、生活を基盤にした教育内容を教科学習の一環としてカリキュラム化し、自主性、主体性、自治的能力を高めていった。

《原理氏談》父は『労働』の教育にも力を入れていた。『なかよく働く』が、この子たちの将来を考えた時、どうしても必要だったのである。『労働』や『教科』の教育を別々のものとせず、子供達の『生活』を高めることへ繋(つな)げていった。

けむり

けむりが　とぶと　いう
日ぐれの　そらを
けむりが　とぶと　いう
この子が／うたうように　いうので
そとに　でて　みたら
くもが　とんでいた
はいいろのくもが／ひくいそらを
どん　どん　とんでいた

子どもの感動に寄り添い、空を見あげる益雄。
煙のような「雲」がどんどん飛んでいくのを子等と一緒に眺める。子どもの発言を汲み取り、大事にし、実践の中に組み入れていくのがよく分かる場面である。

わたしのめをさして

わたしのめを　さして
これなあに　と　とえば
おじちゃんと　いう／／
わたしのみみを　つまんで
これなあに　と　とえば
おじちゃんと　いう／／
わたしのくちを　おさえて
これなあに　と　とうても
やっぱり　おじちゃんと　いう／／
そして／ふと／ちいさな　こえで
おじちゃん　すきよ　と／いった／／
ああ／わたしは　しあわせ

子どもから「おじちゃん　すきよ」と小さい声で言われて、益雄はしあわせだったろう。教育者としては何物にも代えられない尊い愛の返礼である。

火をつくる

そだ　おりて
ストーブのなかに／火は　つくらむに／／
しものあさの／この　きびしき　さむさに
手のこごえ　なきて　よる子らよ／／
まて　しばし／まて　しばし／／
あわれ　そのこえ
ちちははの　はるけさを／なくがごとくに

《益雄寸評》親の愛の豊かさと深さ。教師の愛の賢こさと静けさ。親には叶わないものを知ることで僕達は慎ましくなる。教師に叶わないものを知ることで親達は子供を手放して、僕達にあずけることができる。

あたま

おじちゃん　あたま　もっとるね　と
この子が　いう

わたしの／まるく　すべっこい　あたまを
なでまわしながら／／
あたまは　ちゃんと　もっとるよ　と
わたしが　いう
この子の　手を　とって
わたしの　あたまを　たたかせながら／／
そして／ストーブの火は／ばかに　よくもえる

一緒に鍬をもって働き、一緒に風呂に入り、お尻を拭いてやり…自分の頭をたたかせる、ここには子等と一体になって尽くす益雄の尊い姿がある。子どもの言葉を大事にしながら、その言葉に隠されている真実に気づかせようと…。

はるかな子ども

とおくに　かえっていった／子どもたちよ／／
ゆきふかく／ふりつむ夜を／あたたかに
その　ちちははにいだかれて
ねむっているだろうに／／
そして／そんな夜が／五夜　六夜　すぎれば

また　ここに／かえってこねば　ならないのに／／
それも／ちえおくれと　いう／さだめのゆえに／／
ああ／はるかな子どもよ

《益雄寸評》平仮名一字も読めない。それなのにこの子たちが、一枚の『紙』を今日も読んでいる。昨日も読んでいた。『せんせいのいうことをきいてよい子になってください』こんなに唱えてみては、しあわせに笑っている。その紙はもうぼろぼろになっている。ポケットから出して読み、読んでは又大事にポケットにしまう。この子達はまるで何者かに憑かれたようにその一枚の紙を大事にしている。それは親から来た一枚の葉書。

教育の本質をしっかりとおさえている益雄。大事にされなければならない言葉、子どもにていねいに返してあげなければならない言葉を、益雄は大事にする。「読んでは又　大事にポケットにしまう」子等の姿が浮かび、涙がほろりと滲み出す。

かじかんだ手のために

ちいさな　おき火を／けしずみに　くっつけて
いきを　ふきかけて　火を　おこすのは
わたしの　おさないころの

しものあさ　の　ならわしだった
ははの　てつだいをする
おさな子の　やさしいこころの／しぐさだった／／
けさも　わたしは／そんなにして　火をつくる
とおく　おやを　はなれて　くらす
この子たちの　ために
この子たちの／かじかんだ　手のために

《益雄寸評》月に一回の面会日。遠く山口や福岡からも親達は、我が子の成長ぶりを見るのが楽しみでやって来るのであった。畑の中の一本道が、バス停からのぎく寮まで続いていた。母親が連れてきた妹をおぶって遊ぶAくん。「さようなら。また来てね」別れはつらい。帰る母を三輪車で追う子。後ろ向きに車を押さえながら「先生もつらいんだよ！」

益雄も父を亡くし、母一人子一人の寂しい思いをしてきたから親と離れて暮らす子等の寂しさと辛さが感じ取れる。

あぐら

わが　あぐら

木の根っこの　ごとく　あれ／／
そのうえに／この子を　のせ
この子と　火に　あたる／／
雪ふりやまぬ夜なれば

《益雄寸評》身体の小さい子は肩車に乗せてやるのだが、自分の順番がまわって来るのが待ち長くて堪らないらしい。そんな時、他の大きい子が、よく肩車に乗せてくれる。そんなことが度重なっていくうちに、大きい子が小さい子をおんぶしたり、手を繋いでやったりすることが盛んになってきた。僕はこれを「助け合い」とか「なかよし」と呼ぶのだが、このような塊を作る役目こそが僕にあるのだと思うのだよ。固い言葉で言うなら「組織者」だな。若い頃「友情を組織する」などと言ったことがあるが、その考えは今も変わっていない。

ひできよ

あぐらに　のせて／ストーブに　よると
そのほほを／わたしの　ほほに　くっつけて
こんなに　しずかに／あたたまってくる／／
ひできよ／こうして
いつまでも　いっしょに　くらそうな

つかのま／ほっとぬくとき冬の日ざしよ

愛する子等に囲まれて、「幸せだね、益雄さん」と呼びかけたくなる詩である。胡坐（あぐら）に抱え込まれた子等の、不安から解き放たれた安心安堵の笑顔が見えてくる。

ふゆの日

おせんせいと　よび
おじいちゃんと　よび
この子／わが　ひざに　のり
はげあたま／なでて　うつつなし

【ペスタロッチそのもの】

長崎県作文の会と高知作文の会は、西日本作文の会の仲間として折々に交流を続けてきた。二〇〇九年に作文全国大会の夜の部で朗読劇を演じてくれたのも、高知の劇団「創」である。

二〇一〇年、高知作文の会の故和田延穂（のぶほ）氏から次のような感動のお手紙が届いたので記しておきたい。

とにかく涙を流して読みきりました。『この子をひざに』という原理氏の文章を、特に「おき

「火になろう」というあの詩はいつ何回読んでも頭が下がります。西日本作文研究大会（一九五三年・大村）の時、高知に足をとめた今井誉次郎さんが「にくにくしいほどの教育魂」と表現しているのも誠に至言そのものです。教師というものは誠に甘い人間だと気づかされることがあります。子どものすばらしさ、無限の力を己の力のように思ったことがあります。冷厳な事実を通して真実の相を見つめ、尚且つ「現実を肯定しながら茨の道を進む開拓者でなければ書けない」と思う詩がようけありますね。あの「ちちはは」、「ふゆがれ」、そして求道者のような「わがあたま」。ページをめくるほどに、読み進めるほどに涙が出てきます。ペスタロッチそのものです。長崎の仲間は幸せです。西森良子さんの朗読劇を本当に見たかったなと思います。

火になろう

わたしは
ひとつの　ちいさな　おき火に　なろう／／
けしずみのなかに　そのおき火は　おいて
火をつくろう／／
この子たちが　さむがっている
この子たちが　さびしがっている
おやと　とおく　はなれて　くらす
この子たちが／／

さむいよ　さむいよ／火が　ほしいよ　と
ないている／／
そして／ずんずん　ひぐれの雪が
ふりつんでくる／／
だから　わたしが
この　ちいさな　おき火に　なろう
わたし自身が　火に　なろう

益雄自身が火になり、熾火になって、見守り続けている。人のまねのできない慈愛に満ちた愛には頭が下がる。

ちち　はは

やっぱり／この子らには
まことの　ちちははが　あった／／
ちちが　むかえにくれば／とりすがり
ははが　つれにくれば／ないて　よろこび／／
はや　わたしなどには
ふりかえりもせぬ　子どもで　あった

こんな　よろこびようを
いまだかつて／わたしは　みたことがない／／
ああ／やっぱり
わたしは／まことのおやでは　なかった

この謙虚さ、奥深さ、さすが益雄氏。

ふゆがれ

わたしの　おもいは
小鳥を　かごから
はなしてやった　あとのように
むなしい
あの子も／ははの　あたたかな手に
その　おさない手を　ひかれて
二どと　かえってこない　子どものように
ふゆがれの　たんぼの／むこうに　きえた

わが　あたま

わが　あたままるく　はげたれば
この子らが／くるくると／なづるに　よろし
ぴちゃ　ぴちゃと／たたくに　よろし

【島田勇氏の訪問記から】

後半の詩群は、長崎県の『河』の仲間であった島田勇（しまだいさむ）氏の訪問記を挿入しながら紹介してみたい。

「狭い庭に木蓮やレンギョウの花が咲き、教材用の豚も九匹の子どもを産み、犬も三匹の子どもを産んでいた。昼下がり。畜舎に親子の豚が昼寝し、鳩が豚の餌をあさっていた。子等達は、ちょうど図工の時間であった。クレヨンを持ってひまわりの花をかいている子どもも居れば、羽子板をかいているB子ちゃんもいた。丹念（たんねん）に糊をつけて貼絵をしているO子ちゃん、言語障害で歩行困難のS夫君は、もっぱらクレパスを粉々にくずして机の上に広げていた。」

しあわせ

たきぎは　たくさん　ある
ストーブに　くべれば
あかあかと　もえる
ひざのうえには
ずっしりと　おもたい／この子が　いる

うしろには／かたを　たたいてくれる
やさしい子が　いる
どんなに　さむくても
こんなに　あたたかな夜だ

ゆき夜

この子を　ひざに　のせると
わたしの　まごが
この子を　おろせと　いう／／
この子は　すなおに／ひざからおりて
ストーブの火に　あたる／／
その　たき木のもえて
はじける音の／雪ふりやまぬ夜である

あしなえの子と

わが　あぐら
この　あしなえの子を　のせて
ゆするに　よろし

ゆすりては　うたうに　よろし／／
ゆきや　こんこあられや　こんこの
ストーブ　もえよ

うたって

おさないうたを　うたって
わたしの　あぐらが
ゆりかごに　なる／／
この　あしなえの子の
からだの　おもみが
わたしの　あぐらに／おちついて／／
ストーブの　ほのおが／あかるく　なる

雪の夜も

ストーブ　たけば
この子らが／わが　うしろより
めづるに　よろし
わが　よこより／わらうに　よろし／／

ああ／わが　あたま／わが　あたま

こがねむし

その　てのひらを　ひらくと
こがねむしが／いっぴき　いた／／
よだれに　ぬれて／まだ　いきていた／／
この子は／また／てのひらを　とじた／／
こがねむしが　うごくのか
この子は／しずかに　わらった

夕やけぐも

この子らと／たきぎを　つくり／この子らと
たきぎを　はこび／遠山の　夕やけぐもよ
その　くれないの　ごとくに
ストーブの火を　たかん
この子らの／うとうとと　ねむくなるまで

セメントでつくった素朴な風呂。マキで沸かしていた。多い時には三十名を越す子ども達が居たので、入るのも賑やかなものだった。ケガをした子の足の包帯が濡れないように、益雄が抱いて入る。

神のほめうた

雪のふる夜を／神のほめうた　うたう／／
いつも　そろわぬ　うたごえの
みな　ちちははを
とおく　はなれて　くらす　子ばかり
ちえおくれの　子ばかり／／
わが　あしうらに
こよい／いたばりの　つめたき

夜のつどい――毎夜八時、一日の反省をする全員集会を持っていた。子ども達は、たどたどしくその日したことを話した。よいことはみんなでほめ、悪いことは反省した。

ゆきのあさ

たとい　わがために／神は　なくとも
この子らに
神のいつくしみ／そそがれてあれ／／

雪ふかきあさの　まどに
まぶしき　ひかり　さしてくるとき／／
しずかに　めざめ
この子らが
とおき　ちちはは　おもいおるとき

きよらなる　ひとみ
オルガン　ひけば
わが　へたな　オルガンにも
ききいりて
この子にも／しずかなる　ひととき
あゝ／きよらなる　ひとみ

うたう
こんなに　へたくそな
わたしの　オルガンでも
この子たちは　うたう
そろわぬこえで　うたう／／

わたしが　ひきそこなっても
この子たちは
まじめに　うたう／＼
この子たちは／よきかな

童話の時間、夜の集まりも終わり、学園の子等は床（とこ）についた。いびきや咳が聞こえてくる。巡回の時間である。蹴って裸になって寝ている子等に布団をかけ、夜尿症の子どもは優しく面倒（めんどう）を見て小用に起こしている。

若葉かがやく子どもがぬらした蒲団ほしておく　（益雄）

おはよう

あさは　おはようと　いう
わたしも　おはようと　こたえる／＼
ひるも　おはようと　いう
わたしは　こんにちはと　おしえる／＼
よるも　やっぱり　おはようと　いう
わたしは　こんばんはと　あいさつする／＼

そして　この子は／わたしの　からだに　くっついて
くる日も　くる日も／おはよう　と／よびかける

六時、子ども達の起床始まる。「はやくおきろ、げんきでおきろ」と鐘がなる。歯磨き、顔洗い、洗顔できないテンカンのO君をQ子ちゃんが洗ってやる。美しい人間愛がここにもある。歩けないS夫君をQちゃんがおんぶしてきて顔を洗ってやる。

しもばれの手

しもばれの手を／わたしの　むねの
セーターのなかに　いれて
この子は／せんせい　ぬくいね　と　いう／／
その手が／いつか　あたたまると／この子は
せんせい　まだ　いいの　と　いう／／
つめたい風のなかから／とんで　きて
つめたい風になかに／わたしと　たっている／／
この子は　いい子／けさも／ぴかぴかに
ほっぺたを／みがいてきたな

手ぶくろ

この子の手には　なかゆびが　ないうまれつきである／／
かしのみを　ひろって　あそべば
かしのみが　こぼれおち
あめだまを　もらえば
あめだまを　やっと　うけとめる／／
そして／雪の日／子どもたちが　みんな
手ぶくろを　はめるとき
この子の手は
指のない手ぶくろに　あたためられる
その母の　手あみの　手ぶくろである／／
この子は　その　ぬくぬくとした
指のない手ぶくろに
わたしが　あたえた　ピーナツを／／
きょうは　いっぱいうけては　のせて
うれしくてたまらないのである／／
雪ふるなかに　さしだして
雪のつぶさえ　うけとめて

その　手ぶくろの　あたたかさ
なかゆび　もたぬ　子ながらも
母の手なみの　手ぶくろに／雪のつぶさえ
じっと　しみこんでゆくのである

ちいさな　おき

ちいさな　ひとつの　おきに
いきを　ふきかけて　つくる　火の
けさの　しもの　しろさ／／
この子らの／かじかむ手の　ために／／
この子らの／／しもばれの　手の　ために
いそいで　火は　つくられねばならぬ
けさの　しもの　きびしさ

「不可能を可能にした」と説いた。日本作文の会の今井誉次郎氏も「…つらにくいばかりの教育魂を持った男だ。こんな男は全くめずらしい。「ちえのおくれた子どもが、かわいそうだ、きのどくだ」というような、そんななまやさしいことでは、このしごとはできない。そんな感傷的な気持なんか、すっかりふっとばさなくては、これはできない。感傷的な気持を、すっかりふっとばして、

赤はだかの心の中にたぎっている無限の愛情というようなものがなくては、このしごとはつづけられない。

…この本を読まれる方は、どうか、やさしい味わいのある表現の中から、どうかにくにくしいまでにはげしい教育魂をつかみとっていただきたいと思う。教育のやり方ばかりでなく、教師として、人間としての生き方の問題までも、読みとってほしい」（「おくれた子どもの生活指導」まえがき）

益雄は一人ひとりの精一杯の幸せを願って、その子に応じた生活綴方的教育を障がい児教育でも実施。「生活を見つめ、書き、読み合い、話し合い、考え、生活する」、認識し表現することで自己を確立できるようにと願いながら愛を注ぎ導いた。

そんな日々の感動の中から生まれた尊い詩群である。

最後に、一九八三年発行の『この子をひざに』の扉の原理氏（２０１７年没）の言葉で、この項を締め締め括ろう。

…教育者であり、詩人であった父・近藤益雄は、昭和二十八年に、私設の学園「のぎく寮」を拓き、以後、昭和三十九年に没するまで、子ども達と起居を共にし、その教育にすべてを捧げるなかで、子ども達への限りない思いをうたったのでした、どうぞ、ひとつひとつ、深く静かにお読みください。

十七、第四詩集『春あさき水にきて』
——親子・家族の絆のなかで——

益雄が第四詩集『春あさき水にきて』として纏(まと)めて発刊している作品群は、筆者にとっても心の泉に蓄えておきたい大好きな詩群である。

春あさき水にきて

畑しごと　おえたれば／この子らと
春あさき水に　きて／くわを　あらいぬ／／
われも　子らも／水の　つめたさをいわず
ていねいに／土を　おとしぬ

一九六一年七月、第四詩集『春あさき水にきて』（謄写印刷）を発行する。益雄は次のような前書きを書いている。

ここにおさめた詩は　ことしの早春から晩春にかけての詩です。
ちえのおくれた子たちとの明け暮れ、ノートのすみっこに書き留めた、ささやかな、まずしい詩です。おそらくは、詩壇などというものには、その座る席のひとつもないものばかりでありましょう。
これは　私の親しい方々への　ハガキ消息みたいなものにすぎません。ただ読んでいただくだけで嬉しく思います。
また　こののちも　こんなものを　たくさん書き留めてはどなたかにお送りします。
もし読んでくださってお便りでもくださいますならば、私はどんなに嬉しいかしれません。
それは　この子たちの喜びでもありますから。

一九六一年七月三一日　のぎく寮あるじ　近藤　益雄

【一、第四詩集作品群】

それぞれの詩には、共に暮らした子等が重なり、切り拓（ひら）く者のきびしさと優しさが伝わってくる。まさに、「かかわり」の原点を感じさせる詩集である。作者は謙遜しつつも真情の豊かさを吐露している。

この子も平均台がわたれて　ことしの燕がきてるよ　（益雄）

（1）喜びの詩群

わたしの　あたまに

わたしの　あたまに
おちつばき／ひとつ　のせて
にげたのは／あの子／／
わたしは／くさに　すわったまま／／
ああ／また　ことしの春のくる　日ざし

《益雄寸評》私が座っていると、私の頭を両手で軽く叩（たた）いたりなでたりこすたり、それから頬ずりをしたりするので、私のはげ頭もいよいよ光沢がましてくる。そんなにされることは私にとってひどく嬉しい。これもまた喜びである。

椿の花を益雄の頭の上に乗せて無邪気に逃げる子等の可愛いさ。にこっと微笑みが生まれ出る。

一くれの土を　こねつゝ

春あさき　ひかりのなかに
一くれの土を　こねつつ
この子ども／なにを　つくるぞ／／

ひかりつつ　おつるよだれも
まぜて　こねつつ／／
この子ども／ひたすらに
なにを　つくるぞ

《益雄寸評》 どんなに障害を持っていても、親は我が子を命をかけて守ろうとする。かなわぬ夢と分かっていても、子どもの行く末に光を見い出すことができるなら、どんなことをしても救いたいと願う。たとえ自分が死んでも、子どもは生き続けてほしい、そう願うのが親。どんなに障害を持っていても、一人の人間なのだ。血の通った心を持った人間なのだ。

当たり前と言えばそれまでだが、だからこそ胸に深く響く。いずれの詩作品も読み手の胸を深く打つ。

母子像

ちえの　おくれた／あの子が
こねてつくった／粘土の母と子の像／／
子は／母に　いだかれてはいるが
ただ胴だけで／手もない足もない／／

しかし／ただひとつ
ちいさな口だけがあった
その口は／母の胸に／くっついていた
乳をすうてすいやまぬ子どもなのか
あわれとおくに母はいるこの子よ

粘土で作った母子像が写真集にある。恋しさが滲む。益雄は子どもたちをよく見つめ、一体となって喜び、哀しみ、そこから導き（教育）の道を手探ろうとする。

なかなくなった

この子が
けさは　もう　なかなくなった／／
まどちかく／小鳥が　きて
めぶきそうな枝を／ゆすっていた／／
この子が
もう　ここの子に　なった／／
わたしは／この子の　ははに
はがきを　かいた

益雄もこの子の母も安堵した事だろう。ここから、教師の仕事が始まるのだ。

庭、ことしも夏草たけだけしく　この子らを　まもるべく　（益雄）

《原理氏談》「ひとりで立ってみんなで歩む」とよく言っていただけに自治会活動を大切にしていた。みんなで決めたことが廊下の黒板に書かれる。ベンチに子ども達が喜ぶ絵を描き、庭木に名札をつけ、板に注意や呼びかけを書く。戦前、教育紙芝居運動に力を入れていただけに視覚に訴える手法はうまかった。

あぐら

この子たちの／みんなが　のりたがる
わたしの　あぐらを
ちいさな　まごが／うばいとって
おはなし　きかせよ　と　ねだる／／
この子たちは／それでも　おとなしく
わたしの　そばに　すわって
まごが　おりて
あぐらが　あくのを　まっている／／

それで　まごを　かかえて
あぐらから　おろすと
ふと　よるは　はるめいていて
ひそかな　あめに　なっていた

密やかな雨が疲れを癒してくれたことであろう。余韻が滲む。ところで、その孫とは益雄が「勉強兵隊」の実践を紡いだ同じ小値賀に奇遇にも赴任することになり、学校便りを発行した近藤真氏のことではないだろうか。

えほん

えほんを　ひらいて
これは　うま／これは　ぞう
これは　きりん　と
おさない　まごは
はっきり　はなせるのに
この子には／ことばが　ない／／
しずかに　わらいながら
さるのえだけに

おさるさんと／ちいさなこえで
くりかえし　くりかえし　いった

なんという優しさだろう。子どもの発する言葉を大事に、大事に書き留める。小さい声で繰り返し繰り返し言う子へ温かい目を注ぐ益雄。そこから可能性を拓こうとする益雄。今後の実践に確実につながっていく。

しっこを　しくじらなかった朝

けさは／だれも
しっこを／しくじらなかったよ／／
雨戸を　くれば
ああ
そこの　青麦が　一めんにきらめくつゆよ／／
ずんずん／日が　のびてきたよ

日がずんずん伸び、子ども達も少しずつ成長していく。その成長の伸びが微かなだけに、忍耐と辛抱が必要なだけに、どれだけ益雄に喜びと元気をもたらしただろう。

手をひく

手を　ひいてやろうと
わたしが　手をだすと
この子も／手を　だしたが
それは
いつものように／よだれに　ぬれていた
それで／その手を　いそいで　ひっこめて
ごしごしと　じぶんの服で　こすって
ぬぐうてから／この子は／うれしげに
わたしの手を　にぎった
かわいく／ぬくく
いじらしい手であった

先生がやさしければ子ども達も優しく育つのだと示してくれた詩。大好きな先生には汚れはつけられない、可愛い思い。

花火

この子たちと

うちあげ花火をみて／かえってきた／／
よしひこが／「花火が　あがりました」と
みんなのまえで／ひとこと　いった／／
花火のうつくしさが
よしひこの口を／ひらかせたのか／／
わたしは　うれしくて
その　まるいあたまを／なでていた

喜びはやる気を起こし、子どもの可能性を引き出す契機となる。一人の喜びがみんなの喜びと広がる。「花火」の詩は映像的にも印象深い。

（2）導くことの難しさ／淋しさ

子供を叱れば淋し鳳仙花（ほうせんか）ちるあたりを掃く　（益雄）

さびしさ
子どもが　そっときて
すわっている　わたしのかたを

たたいてくれても／おもたい心の夜がある／／
心だけが　ひとりぼっちになって
夜のすみを／じっと　みつめているときがある／／
この子たちの　ちちははには
とおくおよばぬ　わが愛の　まずしさを
いつまでも　おもいかえす夜がある

益雄には、自分がしている事はこれでよいのであろうかと反省する姿が常にあった。年をとって固い心になってしまったのだろうかと思い、もう一度、謙虚にならねばと心に刻む。

このような振り返りの中で障がい児教育の道を紡ぎ続けてきたのである。苦しみや悲しみの中にさえ、喜びと希望を見出す柔らかな精神。そしてそれゆえに深く傷つく心。ぎりぎり一杯の道で奮闘したのであった。

そして私（筆者）も後を追うように、時は隔たっても同じ教育の道を歩いてきた。だからこそ分かる。愛と学びと喜びと厳しさの中で、障がい児の子等が規則正しく集団生活を送り、個としての成長を目指したことを！

よきこと

ああ／この子を　しかり／なかせたり／／

やがて／この子　なきやめば
わが　ぬぎすてし　下駄を
そっと／そろえてくれたり／／
ああ／この子
わがために／よきことを／して　くるるか

この詩の心もよく理解できる。子供を叱ることもある。反省して気が沈む。そんなとき子等は「せんせいすきよ」と、そっと寄り添ってくれる。有難くまた、この道を歩む。

川にな

秋になったね　川になよ
川みずが／さらさらとこえてゆく石のうえに
ひとりぼっちがすきなあの子のように
じっとうごかずにいるのが／ひとつ／／
秋になったね　川になよ

淋しい子に寄り添おうとする益雄の後姿が見えて来る。

この子の指先へのぼってでんでん虫の子で　（益雄）

（3）見つめてみれば…できるようになっている

はるは　まだあさく

はるあさい　よるの　さむさに／こんな　おさない子が
ぬいだ服を　まくらもとに　きちんと　たたみ
そして／ねどこに　はいるのである／／いつのまに
こんな　しぐさが　できるように　なったのか／／
はるは　まだあさくこんなに　さむくても
中ゆびが　いっぽん　かけている手の
この　おさない子が／その手で
きちんと　きれいに　たたむのである

ふくをたたむ子

まどから／ながれてくる　月のひかりに
ひとり　すわって／こんな　おさない子が
おとなしく／服を　たたんでいた／／

ちちははを　とおく　はなれてきてから
一年たって／この子は／まくらもとに／きれいに
ねるまえのふくを／たたんでいた

「ふくをたたむ子」を温かい眼差（まなざ）しで見つめる益雄。安堵する益雄。

（4）それでもこの道しかない

風鈴ちりちり　この子らも　ねついて　月のさしくる　（益雄）

地虫のこえ

ぬいだ服は　きちんと　たたんで
まくらもとに　おき／もう　この子たちには
やすらかな　ねむりが／おとずれている
そして／まどのそとは／うすうすと月夜
とおい昔のままに／地虫がないている
この子たちの　ゆめのなかへ
しのびこむように／地虫は

いつまでも　いつまでも　ないている

やさしい月夜

もう　ねむってしまった／子どもたちに
まどのガラス戸をとおして
はるの　やさしい月夜が／ながれよっていた／／
その／うすあかりのなかに
けらも　やさしく　うたいはじめていた／／
いまからが　わたしの時間／その月のひかりを
わたしの　てのひらに　うけてみた

【二、城台巖（じょうだいいわお）氏の訪問記のなかで】

城台巖氏も益雄の実践に惹きつけられた一人で現存である。

大牟田在住の城台巖氏はリアリズム運動の影響を間接的に受けていた。ある日の新聞で益雄が校長の椅子を捨てて特殊学級の担任となった事を知り、この先生が経営される「のぎく寮」には、自分が撮りたいと思う何かがあると直感する。が、益雄からは「撮影については、新聞・テレビなど全部断っていますから」と諾を得られない。諦めきれず再訪すると、「先生は、着物姿で学習室の前の陽だまりで、頭の上に這（は）い上がろうとする子、肩に背負われる子、両手にぶらさがる子、みんなに取囲まれて、ほんとうに楽しそうだった。だが、運動場を見ると、一輪車のようなものを押して、同じ場所をぐるぐる廻っている子がいた。たぶん重症の子だと思われた。孤独な子の悲しい姿も、私の心に焼き付けられ…」その日は、大根の写真だけの撮影に終わる。益雄の教育実践をもっと知ろうと著作を読み始める城台さん。益々魅せられ、憑かれたように通い続ける。

　これ等の写真集は、『この子らと生きて』（写真と詩）に温存されているが、益雄の愛に輝く神々しい姿を今も残す貴重な実証集である。

　清水寛氏も「『この子らと生きて』の出版に寄せて」で、

「すぐれた一人の教師の在りし日の教育実践の世界を、これだけその生活全般と、人間としての内面にまでくい込んで撮り続けた記録写真はこれまでなかったのではあるまいか。その意味で、城台さんのお仕事は、日本の教育学・教育史研究のためにも、文字通り、かけがえのない貢献をされたことになる」

と言葉を添えている。

あたまからせて

この子に／あたま　からせて
うとうと　ねむし／日は　ながし／／
青葉　わかばの　ひるさがり／この子の
バリカンのつかいは　じょうずなれど

ゆっくり　ゆっくりにて
あたま　まるくなるには
ひねもす　かかるならむ／／
まことに／うとうと　ねむし／日は　まぶし

《城台巖氏談》子ども達の中には、バリカンが使えるようになった者が何人も居ました。玄関に入るとすぐ土間があり、そこには子ども達の遊び場となったり、雨の日のラジオ体操場になったり、時にはこうした床屋さんが開かれていました。

ある日、風呂の写真を撮りました。先生はいつも、子ども達を七、八人風呂に入れるのが受持ちで、「ハイ、シャガンデ」「ハイ、チンポコダシテ」「ハイ、オシリヲアゲテ」「ハイ、ジャブジャブ」「ハイ、オツギダヨ」といった調子で、自分がどうにかやれる一、二名の子どもを残して、あと全部の子どものお尻をなんの苦もなく、いとも丁寧に忙しく洗ってやられました。

その堂に入った手つきの繰返し（くりかえ）は、ファインダーの中で追っていると、ここでも子どもたちの身になり、親の身になった一人称的近藤先生の特殊教育を、目の当たりに見るのでした。

【三、益雄を支えた家族愛】

ぶらんこふたつあれば父と子と春になる　（益雄）

益雄を支えたものは、綴方教師としての人間愛、長男晃（あきら）氏を八月九日の原爆で亡くしてからは平和を希求する人類愛、そして家族によって支えられ癒（いや）される家族愛であった。特に同じ道を歩んだ次男・原理氏とは、先達として、後に受け継ぐ者同志とし尊敬し合い続けた。次の詩は、息子の結婚式を終えてしみじみと、これまでの苦労多かった歩みの日々を妻と振り返る父親としての益雄である。

たんぽぽの実　――つまに――

むすこにヨメをもろうた日のあくる日だ
おれは　おまえと
あけつぴろげた五月の空のしたをあるく
おもえば　三十年にちかい年月が
おれたちのうえに　ながれたね

おれたちが　こうして
ふたり肩をならべてあるくとき
みちばたには／しきりに　たんぽぽの実が
ガクをはなれては　とんでるよ／／
みてごらん／あおいそらを
たんぽぽの実は／ミジンとなつて
あの雲のあたりにもとんでるよ
どこへ　ゆくのだろうね／あのたねたち／／
むすこにヨメをもらつて／ふたりあるくみちの
まぶしい日のひかり
また　つぎつぎと　とぶ／たねのいそがしさ
おれは　おまえと／しずかに　あるく

師井恒男（もろいつねお）氏の元（もと）に修業に出した二男原理氏は、一九五三年（S28）年時は二十二歳であった。三年にわたる長崎県での教員生活に別れを告げ、山口県宇部市の恩田小学校の精薄児施設〝ときわ学園〟に勤め、綴方教師・田中美佐子氏と結婚。披露宴は施設内で、それも知恵遅れの子ども達全員を招待しての会だったという。その夜から夫婦は園内の一室で生活を始める。

《益雄談》「原理の結婚式で妻と語り合ったこと」

原理——君もきっとお母さんを偉いと思うだろう。僕もそう思う。僕は一度も楽な目を見せた事がないような気がする。

君が五年前、とても素晴らしい結婚式を挙げた時、僕達もそちらに新婚旅行だと喜んで二人で汽車に揺られて旅をした。

君達の結婚式の明くる日、新緑の美しい丘を君達夫婦と一緒に歩いた時、こっそり言ったものだったよ。

「とうちゃん、これで一安心ですね。これからまた私達は、新しい気持ちで何か仕事ばしましょうね」

僕はその言葉を夢のようにうっとりと聞きながら、その陽ざしがいっぱい照り輝く丘の若草を踏みしめて、遠く町の工場の煙突から、真っ直ぐ立ち上る煙を見た。それが今忘れられない。

菜(な)をつける妻に重石のせてくれる子でちえおくれている

妻への感謝の言葉が著作集の随所にある。実にこの妻あってのこの夫（益雄）であり、誇りある息子・娘だったのだろう。妻・えい子氏のことは度々、良き伴侶で同志であったことを紹介してきたが、三男四女を育て、経理に疎(うと)い夫を支え、寮の台所一切を切り盛り。子ども達は「おばちゃん」と慕い、炊事、洗濯、買物、金のやりくりと多忙な毎日だったようだ。

《益雄談》今年高校を出た二女が私共を助けて働いています。長女は五月に近くに嫁ぎ、二男の原理は、今年の二月、三男の汪（ひろし）は去年の四月に、それぞれ男の子の父となりました。したがって、私は今二人の孫を持っていることになります。汪の方の孫は、ラジオ店であるし、店の前は車の往来がはげしくて危険なので、私のところに、あずかっています。

「ほら、じいちゃんに　おいで」

と、学校から帰ると、だっこしてやったりする程のおじいちゃんに私もなっています。

二女の協子にも、私は感謝しています。高校を出るとすぐ、私共と一緒に働き始めました。炊事のこと、生活指導のことと朝から晩まで忙しく立ち働いています。娘らしい華やかさも求めず、この子等と共に楽しく働いてくれます。町に子供達を連れて出る事もあります。これは、若い娘にはちょっと勇気がいるものです。町の人は振り返って見ます。それでも協子は、それを少しも苦にしません。

益雄の人間味溢れる一端が垣間見え、ほんわかと温かい。

「協子先生」と慕われた彼女は昭和三二年春、高校を出るとすぐ「のぎく寮」（学園）の職員となり、益雄没後は母・えい子氏を支え、学園を閉じる昭和五四年春まで二二年の長きにわたって、ちえ遅れの子ども達の世話に明け暮れた。そんな彼女を益雄は心に懸けていたが、〝江口克之（かつゆき）〟という優しくて、障がい児教育に理解のある綴方（つづりかた）教師（筆者とも交流があり、植物の絵を出版されるなど一枚文集兼通信の書き方が巧みで良き教師であった）とご結婚。どんなにか益雄夫婦は安堵されたことであろう。

【四、親子で紡いだ交信】
――五年で二百回の四〇〇通――

「おやじと息子が、同じ仕事をしながら、時折その仕事について手紙を取り交わすのは、やはり楽しいものです」

「二十代の原理ですから、今から僕を乗り越え、僕を振り切って、一人で歩いて行けるような、仕事をしてくれるものと思います。」（一九五八年）と親心を吐露する益雄。

原理氏は「なかまとともに歩む教師になりたい――父への返事（4）」として、「精神薄弱児研究6号」に次のように述べた。

1、この五年間

精薄児たちとの五年間、それは、ちょうど僕が結婚した年から、一児の父となるまでの年に当たっている。振り返ると色々なことがあった。

《父への返事　原理氏から》

「おとうさん――この五年間。僕はおとうさんも含めた沢山の仲間に励まされながら、おとうさんと同じ道をここまで歩いてきました。今年六年目。僕らの上には、勤務評定や「道徳」時間の特設など、一連の後ろ向きの教育が覆い被さってきます。

その道は遠けれど、日本の未来を信じ、この子たちの幸福を求めて、ぼくは歩き続けたいと思います。

そうした中でまた僕は、今までと同じ足取りで沢山の仲間達と共に歩き続けたいと思います。…夜の二時、三時まで、意見をたたかわすことはざらにありました。それから家に帰って、自分の意見を確かめてみるため、本を読んだり、ノートに書いてみたり、美佐子に話したり。そして、明くる日は又討論といった具合です。今にして思えば、ああしたことが、ぼくには勉強することを習慣づけ、この道が僕にとってとても楽しい道と思えるようにしたのだと考えます。」

《父から初めてもらった手紙　益雄氏から》

「詳しいお便りを嬉しく読んだ。何もかも良いことばかりで、あんまり幸福過ぎるのではないかと思うが、それに酔うことなく実践に没頭されるように。しかし、小生も嬉しいので今日は焼酎を二合買うて、一人で一合五勺ばかり飲んだ。ただ飲み相手、話し相手の君が居ないのはやっぱり淋しい。」

〈おなじ道・この道の仲間〉

そして君も働く所は違っても同じ道。仲間となった。…

この子たちには、この子たちの世界がある。それは、ユーモラスな世界。融通の利かない世界。そして、あまりにも真っ直ぐな世界と言えそうだ。ぼくも百人近い精薄児に接してきた。様々な姿をした、この子たちだった。

「この子たちの靴の紐を結ぶほどの遜りを持っているだろうか」「専門家になることは怖いぞ。驕る心があってはならないぞ。」「お互い、もっといい仕事をするために。」

まことの生き方をしたかったと述べ、同じ道になった事を喜び、父親としても先輩としても、締めの言葉を助言する益雄に息子への情愛と教育の奥深さを改めて感じる。

写真家の城台巖氏、益雄と同じ道を歩む息子の原理氏。

どちらも、人間愛、家族愛、教育愛に溢れる益雄を引き立たせ、そこで生まれた詩群は、これらの人々と呼応し、溶け合い高め、大河のように滔々と流れていく。

【五、詩の真髄】

近藤益雄の実践がどんなに質の高いものであったか。

世の教育者の何名が、子どもを膝に乗せて、

おき火を眺めたことがあるだろうか。

このような詩を書き残したことがあるだろうか。
知恵おくれの子どもを同じ屋根の下に抱えて、
寝起きを共にした実践が全国にあっただろうか。
一家を挙げて自分の財産で学校をつくり、
一家を挙げてその子らの為に尽した人が居ただろうか。

この第四詩集『春あさき水にきて』でさらにもう一歩深く、益雄の詩群を読み進めていく事は真の教育者・詩人と対面・対話している想いであった。

十八、第五詩集『痴愚天国』

――のぎく学園となずな寮　益雄のめざしたものは？――

痴愚の子　目をほそめてみるは　夕ばえ

この子いつまでもいつまでも　夕やけの水うごかしている

人生の夕陽を見ていたのは益雄であったかもしれない。育てた子等の行き先をあれこれ考えて、いつまでもいつまでも夕焼けの水を動かしていたのは益雄だったかもしれない。

益雄は、子等にとって天国のような、笑顔いっぱい溢れる学園づくりを夢見ていた。地域に溶け込む学園づくりを夢見ていた。

一歩先の福祉教育、福祉ある社会・福祉村を描いていた。

【一、第五詩集『痴愚天国』の発行】

（1）まえがき

こんなものが詩であるかどうかさえあやしいのだが、それが私一人のつぶやきであれ寝言であれ、ともかくも書かないではいられなくて書きました。うそ偽りはない。そんなものであることにまちがいはありません。

わたしの仕事はもっと遣(や)り切れない程つらいものだから、その「やりきれなさ」を書くようにと励ましてくれる人もあるが、私がその「やりきれなさ」を書くと、またもや愚痴になったり、泣言に変わったりするので、やっぱりこんなことを書きました。これから先も、こんなことであろうと思います。

私はこの一冊を私の敬愛する方々へお送りします。

お金がなくて、立派な詩集は出せませんが、こうして印刷に付しておけば、無くなることもなく纏(まと)まりますので、ずっとこれから先も出していきたいと思います。いろいろとご批判いただけたら、幸いこの上もありません。尚この作品は、六一年秋のものであります。

のぎく学園こんどうえきお／（六三年一月五日記）

益雄の内省を正直に吐露した前書となっている。

眼鏡を、ちょっと押し上げた手で、坊主刈りの頭をなでまわして、やさしい目をするのが益雄の所作であった。

この「第五詩集」も、障がいを持つ子等に対する愛情が満ち溢れている。一挙手一投足を愛情溢れる目で見つめ、思い、それをそのまま詩という形に昇華している。

だからこそ読む人の心に強く迫ってくるのであろう。

（2）慈しみの詩群

慈しみ、かわいがる感情は、幸せとその子等の発展に尽くそうとする気持ちに繋がることが分かる詩群である。

痴愚天国

この子とむきあって
シーソーをゆすっていると
もう春をのせて／雲がおりてくる
この子のひとみに
やさしくおりてくる／／
ここは／痴愚天国／／
いつまでも／いつまでも
こうして／シーソーをゆすっていたいな

この子のいのち

秋の日／草のうえに／むきあってすわり
この子が／目をほそめてほほえむのに

ふとおもう／／
この子に／いつまでのいのちが
めぐまれているのか
そしていきていることが
どれほどのしあわせなのか
それはだれにもわからぬことだが／／
秋の日／わたしは草にすわっていのる
いきていてくれるように
いきていてくれるように

なんと慈しみ溢れる詩であろうか。
なんとやさしい、人間愛に満ちた詩であろうか。
「この子ども達も愛される事によって愛する事を学びます。しかし、それだけに留(とど)まることなく愛する事によって愛される事を教えてやります。」と益雄は言う。
『パンがひときれあるならば隣の子にもわけましょう
パンのくずでもあるならば小鳥にまいてやりましょう　（浜田広介）』
「人間教育」をも目指した益雄であった。

この子とふたりで

この子とふたりきりで
くらしたらと／おもう日がある／／
秋の日／山の上の／しろい雲をみていると
この白痴の子とのくらしを
はげしくおもう日がある

しろい雲

秋山のうえから
あのしろいちいさなくもが
この子をよんだ／／
きょうも／この子は／ひとりがいいのか／／
あの／しろい雲が／きえていっても
この子はまだ／ひとりでいた

《益雄寸評》 六時半になると、重症の子ども二人をのぞいては、みな外に出て、ラジオ体操とかけ足をする。私は玄関に立って、人員を調べ、それが終わると、ストーブを焚きつけに行く。一握りの紙くずや焚きつけの粗朶（そだ）を持っていってストーブの中に入れる。その上に薪を積む。紙くずに火をつける。その時の一のマッチのしずかな焔（ほのお）を、私はじっと見守る。私にとってしんと心の静まるひととき。T子の手はこの頃ひどい霜焼けである。だから揉んだりこすったりしてやる。せめてその手が、この冬に崩れなければいいがと思いながら、自分の手をストーブで暖めては、マッサージを続ける。こうゆう朝を繰り返しながら私と子ども達とは春を待つのである。

粗朶(そだ)おりくべる音の　雪夜のあわれな子どもばかり

しぐれ

あかつきは　すこしひえて
咳をする子が　ひとりいるのに
はらはらと　すぎてゆく　しぐれ
わがへやの／のきばを　ちかく

《益雄寸評》 六歳になる男の子は、脳性小児麻痺のために口がきけない。それですべて手つきや表情で、私達はこの子の意志が分かる。寝る時になると、私を引っ張りにくる。私は素直にこの子の寝床に付いていく。この子は私の腕をひっぱる。私はうなづいて横になる。腕を枕にする。「むかし、むかし」を始める。「桃をわったら桃太郎さんがでてきましたよ」。すると、子どもは物が言えないから、両手を挙げて喜びの表情をする。そのころから眠ってしまう。可愛(かわい)いものである。

あきかぜ

くさにすわって／あきかぜをきこうとすると
この子たちが／わたしのまわりにあつまってきた
この子たちはよくしゃべるが／あきかぜに
そのこえはきえていってもうかえらない

川にな

秋になったね川になよ
川みずが／さらさらとこえてゆく石のうえに
ひとりぼっちがすきなあの子のように
じっとうごかずにいるのが／ひとつ／／
秋になったね／川になよ

秋の川

こんなところに
こんなにすみきった／秋の川があった／／
たたずんで／この子は／

ちいさなかおをうつしては
水をすくっていた

あおぞらのふかいところからつみためた　これはじゅずだま

じゅずだま

この子とながいことじゅずだまをつんだ
この子はしっかりにぎりしめていたてのひらを
しずかにひらいてみせた／／
それはただのひとつぶ
じゅずだまはあせにぬれてかがやいていた

あしなえの子

秋かぜのなかにこえがきこえる
あんなにとおくに／あの子のこえがきこえる
あしなえの子が／ちちははのところへ
かえってゆくこえがきこえる

冬にも

冬にも／あたたかな日がある／／
子どもたちはとおく／おやのもとにかえって
こんなあたたかな日がある／／
それでわたしは／茶の木の下の
まるい実をひろった

（3）寂しさの詩群

けしの花

わたしのこころがわからなかったのか
あの母は子をつれて去った
いく月がたった
いくつぶかのけしだねをおくってくれた
わたしはそれをわたしのはたけにまいた
ことしのはるもそのけしの花
たくさんさいた
ことしの秋も　わたしは　また　このけしつぶを

わたしのはたけに　まく
いくせん　いくまんの　けしだね／／
あの子は　もう　かえっては　こない
しかし　けしの花ばかりは
わたしのはたけに　いっぱいさくだろう
もえるように　あかあかとさくだろう
それは　緑のなかったあの子と　わたしのことに
かかわりもなく

縁の無かった子ども、送られてきた種。それを広げ花咲かせ無から有にする益雄。心に沁みわたる詩である。

彼は、親と温かい人間関係をつくることを大切にしていた。「協力ということの美しさ、つよさ、あたたかさ。それがこの子たちの教育の大きな支えになる」「人間の心と心の結びつきなくしては、豊かな実りはない」「親の心と教師の心との溶けあいと結び。それができるまでには、いくつもの回り道があり、つまづきがあり、もどかしさがあり、苦しみがある」

分かっていても、わかりあうことができないままに、わかれ去った人たち、「親とひとつこころになれぬもどかしさ」は身に沁みる淋しさだったに違いない。

そんな親ばかりではない。自分達も貧しいに、寮が困っていることを知って、安い野菜や薪などの世話をしてくれたり、ガラだの石炭だのを、安く手に入れて届けたりする人。なかには社会的な意識を育て、職業指導の施設をどう造るか考えてくれたり、「教育施設をつくろう」と人々に呼び掛けてくれる人もあったという。

子どもを叱れば淋し鳳仙花（ほうせんか）ちるあたりを掃く

《益雄》子どもをひどく叱（しか）ったあとのやりきれない気持ちも、ほろほろとこぼれ落ちるほうせん花の傍にきてしゃがみ、そこで細かな雑草など抜いていると、いつかは和んでくる。そんな日が、時々ある私のこの春から夏。あさっては七夕だから、明日は青く涼しい一本の竹に、子ども達が書いた（全く読めないが）短冊をつるしてやろう。そして少しでもこの子達が、物をわかるようにとの祈りを、空の星に捧げるとしよう。（1962.7.5）

ほうせんか

子どもを／ひどくしかってきて
ほうせんかの／ちりこぼれた花びらをはく／／
そのくれないは／目にしみて
悔いのこころは／いつまでもきえない

とびいし

とびいしをわたるとき
秋風が水の面にちらちらしていた／／
きょうは
こどもたちをはなれてひとりきた／／
川になのかすかなうごきなどみて
きょうはひとりでいたかった／／
川になは／あの子どもたちににた貝／／
日ざしをもとめて／あさい水を／
ほろほろとおぼつかなくあるくのもいた

茶の花

ひとりきて／茶の花の／きよらかさに
ほほをよせたいひととき
せめて／それだけで／すくわれたいひととき
この身のひとつを／あさのひかりのなかにおく

萩の花

心にうれいあれば
子どもらの／まつわりくるをもさけて
ひとり／萩の花こぼるるところ／／
とおくきく／子どもらの／あそぶこえごえ
はた／ひそかなる／秋の風音

秋の日

子どもたちからはなれてひとりでいた／／
にらの花さくはたけのすみに／きょうは
ひとりがすきなあの子のように／／
たったひとりでわたしもいた

千葉春雄が「近藤君には良寛の趣（おもむき）がある。枯淡（こたん）で生一本で、愛が純真で、子供のままな玲瓏（れいろう）の心境をもっている。だから君の詩にはおよそ修飾がない。ただ正しい素地がある。…一読すると、如何に正真一徹な人間がそこに踊っていることか、すぐ観取できよう…」（「狐の提灯」の序文）と賛辞を送ったことを思い出す。

【二、歩みを振り返り、夢を繋ごうとする益雄】
——世の全ての人の力で守る仕組みを——

《益雄》みどり学級を育てて八年、のぎく寮を造って四年四ヵ月。

この教育では卒業生達がどんな仕事場に落ち着いているか、家庭でどんな暮らしをしているかという事で、その実りが決まるものだ。だから僕はこの八年の思いの中で厳しくその事を考える。幸いにして、仕事場に落ち着いた者、寮生活でさらに仲間との楽しい日々を送っている者と、今のところ、ぶらぶらして困っている者もない。

今年も五人出た。その内、一人は大工の弟子。二人は家が農業だから家庭で働く。一人の女の子は、家事の手伝い。もう一人の男の子は寮に来て、僕の仕事の助け手になる。しかし、こういってもこの子たちの行く手は決して明るいものではない。

親達は言う。「私達が生きている間はいいですが」と。

だから僕はこの親達に言わねばならない。

「この子たちの行く末を守る者はあなた達でもない。私達でもない。それはこの世の全ての人の力なのです。この世の中に、この子達の生活を守ってやる仕組みが、出来ないことにはだめなのです。だから、一人で嘆いたり、案じたりすることを止めて、この世の中に、この悩みや苦しみを投げ出して、沢山の人に考えてもらいましょうや」と。

一人ひとりの上に思いを馳せる澄んだ瞳。益雄の先見の明は鋭かった。そして悲痛な願いでもあった。

【三、退職、夢はつづく】

一九六二年四月、三十四年間の教員生活を退き、十一月に、退職金で成人のための施設「なずな寮」をつくった。

一九五九年には原理(げんり)一家が山口から長崎へ引き揚げてきていた。予定地購入のために、益雄と美佐子の退職金に、善意のカンパを加えての「なずな寮」の設立であった。

原理夫妻はこの時から、知的障害のあるおとなたちとの共同生活に入る。同時に「のぎく寮」は「のぎく学園」と名を改め、新組織で新たな歩みを始めることになった。子どもたちの「学園」と、原理家族中心に営む、成人のための「なずな寮」。

父と子の共同の新しいかたちがここに整った。

当時、九州には成人の精神薄弱児施設はまだ一つもなかった。そんな時代に確かな目標を持って、自らを奮い立たせ、障がい児教育に打ち込む益雄氏とその家族たち。

《原理氏談》 中学の障がい児学級を出たあと、家で淋しく過ごす者がある。一番伸びる青年期にもっと教育が必要ではないか。成人の精神薄弱者の問題もまだ手が付けられていない。父の

〝のぎく寮〟にいる青年達の将来のことも気になる。

そんなわけで一九六二年の秋、〝のぎく寮〟から歩いて十五分ばかりの芳の浦の丘の上に五十坪ほどの木造の家を造り、芭蕉の俳句「よく見れば　なずな花咲く垣根かな」から、〝なずな寮〟と名づけた。

〝なずな〟は目立たない雑草。踏まれがちな雑草。でも、白く清い花を咲かせ、強く生きる。この人達も目立たず忘れられ、時に心無い人に踏まれたりする。でも、〝なずな〟のように清く貧しく逞(たくま)しく生きてほしい。そう願った。

周りには人の住んでいない炭鉱長屋が幾らもあった。

一九六二年と言えば、石炭から石油にかわる真最中。炭鉱は潰れ、街は寂(さ)びれ、人々は新幹線や東京オリンピックの為の工事へ出ていった。

父の〝のぎく寮〟から何人か移ってきた。知恵遅れの人たちと私共が一緒に地域に溶け込んで、あたりまえに暮らしながら彼らの自主・自立の心を育てていく。できれば就労へもっていく。それを目標とした。

【四、益雄の夢を阻むもの】
――貧しい教育行政と福祉の谷間――

（1）無理解

妻・えい子氏は腹が立つ話として次の様に述懐している。

どこからの公的援助もなく、独力で続けている仕事です。

「独力」というコトバは勇ましいが、それは全く血の滲む思いというか、薄い氷の上を歩く感じというか、大変なものです。それでも、保護者を初め全国からの温かい善意の支えがあったから、ここまでやって来られたのです。国境を越えた援助もありました。

内情をよく知らない人達が、今だに「国や県の補助、赤い羽根のお金などが来たでしょう。」…役人やそれに繋がる有名人の口から私は、はっきりと「君のお父さんは、頭が高い。頭を下げれば何とかなるのに。」というのを聞いたことが幾度かありました。

私共は、補助は子どもの為になることだから、遠慮なしに受けます。しかし、補助をもらう唯一の道は、社会福祉法人施設に切り替えることでした。今の古ぼけた園舎、狭い敷地のままでは、法人認可の基準に達しないのです。最低定員五十名収容、耐火建築それも平家で、やかましい基準にあわせて増改築をやり、設備を整えるためにはあと千八百万円から二千万円の予算がいります。私共は、これまで何百万円とつぎ込んでいますので、今ではまっ裸です。「二千万円出せたら、補助してやる。」とは、むごい話です。日本の社会福祉が進展しない一理由がここにもあります。私どもはやれるだけ、打てるだけの手は打ってきたのです。

益雄及びその家族は、ぎりぎり一杯のところまで邁進していた。教育には終わりがない。もう少し世話すると、子どもの笑顔が生まれるだろう。もう少し頑張ると、一文字を覚えるかもしれない…と、疲れも忘れて夢中に尽くしたのだろう。一握りの募金で、足りない設備などを揃え、家畜も生活を維持するために飼った。食するための田畑の世話もあった。愛の奉仕だと十字を切っていたかもしれないが、その限界を発露する時間さえ惜しかったことだろう。

（2）腹が立つ話（益雄）

ＮＨＫテレビ「時の表情」で「職を追われる盲人」をご覧になられたでしょうか。私はあれをみて腹がたって仕様がありませんでした。政府の無責任、無力、冷淡。…目明きが盲人のみに許されるべき職業を奪いながら、「憲法が保障する自由」と嘯く（うそぶく）のですから腹が立ちます。…精薄児だけしか就労の許されぬ職種が十九も法律で確保されているという、イギリスを羨ましく思わないではいられません。みなさん、いかがです。

だが今もって二、五％の障害者就職率さえ堅持できていない。

二〇一六年に相模原市の知的障害者施設で起きた殺傷事件の衝撃は記憶に生々（なまなま）しい。

（3）最終の夢

益雄は、障がい者教育・障がい者福祉は、人間にたいする差別をなくし、平和で自由な社会の建設につながるものであり、そのための文化を高めるしごとであるという思想を、全身全霊でもって実践し続けた。が、なかなか社会全体がそこまで及ばない。ならば自らの手でもって、「福祉村」

を実現させたい。

そのための一つの火になれないだろうか。

最終の夢を掲げたのである。


【五、詩作と共にあり】


ところで、旺盛な著作活動のなかにあって、この詩集の「まえがき」にあるように、「やりきれなさ」などは、詩の形式をとっていない。子等との魂の触れ合いが題材である。慈しみの目で見つめ、そこから引き出される思い、それに己が値しているか内省する姿。

益雄の人生の伴走者は、家族（とくに妻・えい子氏）であったが、一方で、「書くこと・綴ること」でもあった。

自由律俳句であり、童話であり、詩であった。特に、「詩作」こそが、彼の歩みを記す一点の清らかな灯であった。

「詩は魂が語る言葉でなければならぬ。生活の中から生まれた詩は、読む人の心を惹く。飾りのない素朴な言葉でうたはねばならぬ。（略）詩は生活をじっとみつめる人にしてはじめてよくできる。汗みどろになって働くもの、そして自分の生活を愛し、美しい生活を作るために苦しむものに出来ることだ。」

これが益雄の詩作の心構えであった。よって、益雄が求めた穢れなき善意の宝庫こそ、第一詩集から第六、そしてこの「痴愚天国」の中に珠玉として収まっていると思い至のである。

十九、最後の詩集：第六詩集『木のうた』

――最終章　一、「愛と平和への願い」――

「なずな寮」を発展させて、知的障がい者の楽園「のぎく村」にとの夢は一歩一歩実現に近づいていた。その為に今年の仕事として、のぎく人形の製作と販売、それを資金の一部として園舎の改築、教員生活三十七年の思い出を本にするなど計画を立て、年の初めから取り掛かっていた。

尊い教育実践家としてその晩年を飾ろうとしていた。

一九六四年に第六詩集『木のうた』（謄写印刷）を発行する。

「まえがき」には

私の心のお友だちに、私の貧しい詩をお送りいたします。

第五詩集「痴愚天国」につぐ第六詩集でも、ほんとうにそうなのは、この中の「草のうた」だけで、後（あと）は全（すべ）て一〇年以上からの年月をへております。

私はこよなく日本のことばを愛するばかりにこれらの詩に、何年もの年月をかけてみがきをかけてまいりました。そしてみがけばみがくほど、ことばというものはすりへってしまって、しまいにはわずかばかりの骨のようなものだけになるのだとわかりました。

そこですこしさびしくなってここらでみがくことをよして、あなたによんでいただくことにいたしました。
なにかひとことでもおみちびきのおことばいただけたらさいわいにぞんじます。
昭和三十九（1964）年一月十六日

益雄は「ことば」をただ単なる言語ではなく、生きる糧とも捉えていた。「日本語がほんとうに美しく、ほんとうに正しく、そして、ほんとうに豊かなものになること」を願っていた。そして、綴方教育で、障がい児教育で実績を積み上げ、自らも、自由律俳句で、童謡で、詩作で実証してきた。

「だれの耳にも受け入れやすく、分かりのよいことばで」と。常に、貧しい者、未就学者、障がい者やその家族等、社会の底辺で暮らす人々が念頭にあった。

第六詩集『木のうた』＝白い花＝（一九五一年二月頃の作品）

益雄は、最後のこの詩集、第六詩集に、これから掲載する数編の作品を挿入・追加している。益雄の思いが凝縮された作品の数々。どうしても載せておきたかったのであろう。

山羊小屋で
山羊に塩をなめさせてひとりでいるとき
わたしの子どもたちはかえってしまっていた

山羊がわたしのてのひらを、くすぐったくなめるとき
なぜかわたしは子どもたちのことを、かんがえていた
山羊がさびしい目でみあげて、わたしにすりよるとき
わたしは口のきけない道夫の名をよびたくなっていた
しょせんわびし山羊と
さびしい子どもたちの守りをして
このまま年おいていくわたしか
それでいいそれでいいのだ
すこしずつほんのすこしずつ塩をなめる山羊の
ほのかないきづかいにそんなこともかんがえていた

一九六一年〈益雄五十四歳〉の時には、豚舎も新築、養鶏、果樹栽培も始めている。実習農場も拡大されていた。

白い花

やっぱりだまっていればよかった
しぐれにぬれた庭さきの／八つ手の白い花にも
こんなしずかな冬がきている

それをだまってみまもっていればよかった
はなしあってわかることではなかった
やっぱりわかりあうなんて／できるものではなかった
土のうえにこぼれし八つ手のしろい花に
こんなにすんだ月のひかりもながれてきた
しょせんは人間こんな庭さきのひとすみの
白い花のこぼれたのを／はいてはすて、
すてたてははくようなー生ですごすものを
やっぱりだまっていればよかった

善良で正義感が強かった。正しい道を真っ直ぐに歩んだ。だからこそ卑しい利己的な人の、偽りの言動は応えた。

わかりあうことのないとき

いつかしらぬまに
月のひかりが卓のうえにながれてくるまで
わたしたちははなしあった
そしてよくわかったといってわかれてきた／／

それからわたしはひとりで
冬にはいったばかりのきれいな月夜の
一すじみちをあるいていた／
わかったということはいったいどんなことなのだったのか
月はわたしのうしろにさえわたっていた
わかったということでわたしはまたさびしくなった
どこまでいってもわかりあうことなどのあるはず
のない人間と人間／
わたしのすきな月はうつくしく
やっぱりわたしのうしろにだけさえていた
わかりあうことのないさびしさを
ただやさしくてらしていた

なんとかなろうなんともならないと　かんがえてどぶのなか

と、自由律俳句にも詠んでいる。「どこまでいってもわかりあうことなどのあるはずのない人間と人間」という苦渋。想像を絶する苦悶だったのだろう。

冬にいりゆく山

やっぱり冬になると、欲も得もなくなるなれど
おしえてくれる自然の親切さ
はじもみじのくれないでさえ
指をふるればこぼれる
山にきてそのはかなさを
たなごころにのせてしばしおるとき
わたり鳥／この山かげの草むらにしばしいこい
むらさきの実をついばむ
木々も草もつゆけくぬれて
ひえびえと冬にいりゆく山

澄み切った美しさのなかに無常観が漂うが、深い宇宙の肯定感が大きく優しく包み込む。おそらく読み手の誰もが、やさしさ、温かさ、するどさに心揺さぶられる詩群である。

「草の実」(1)

あけがたのしぐれがすぎて／山みちのくさむらに
草の実はぬれていた／／

草の実はあいらしく／わたしのズボンにくっついた
でもぬれているのでほろほろとこぼれた／／
山の木々をすかして／日がさしてきた
草の実はすこしかわいてきた／／
草の実はつつましく／またわたしのズボンにくっついた
わたしはそのまま
いよいよ冬になる山みちをおりてきた

益雄は悩みがあり、一人になりたくて明け方の山道を散歩したのだろう。草の実は、みどり学級か「のぎく学園」の子等の象徴。草の実のように愛らしくそして慎ましくズボンにくっ付いたりする。これでいいのだ、そう愛（いと）おしく思い直し、草の実をつけたまま、冬になる山道を降りたのではないか。

草の実（2）
あさのしぐれにぬれた草の実を、むらさきふかい草の実を
山にいってとってきた／／
そのつぶらな実の一つぶ一つぶをすりつぶして
こどもはむらさきの汁をしぼった／／

子どもはそれで絵をかいた／草の実のむらさきは
しろい紙のうえにきえそうなはかなさでのこった／／
しぐれはひるもひとしきりふり
ゆうがたもしばしはらはらとふり
草の実の汁でかいた絵は
しぐれふるごとにいよいよほのかに
はかない色をにじませた
ちえのおくれた子の手すさびのこんなはかない絵が
月あかりのしのびやかにさすわたしの机のうえで
だんだんにきえていって
しぐれにぬれた月夜はまどのそとにながれていた

教えても教えても、草の実のむらさきで描いた儚(はかな)い絵のように定着せず消えていく。月明りが象徴する静謐(せいひつ)さ。背景に、しぐれや、しぐれにぬれた月夜を配置することでより儚(はかな)さを誘う。益雄の子等を想う愛情と寂しさが凛とした表現の中にひしひしと伝わってくる。

霜　その1

額にひりひりとながれおちてくる月の光のなかに

霜はすでにむすびはじめたか
月夜の葱畑（ねぎばたけ）のしずかなじくざくの間に
霜はすでにするどく
花さく支度をはじめたか
天地四方声をひそめて
月夜の雲のひえまさる音だけ
そしてひえきわまって
空気零度にいたるときのこの一秒の
きびしくするどい静けさを
霜は天をさし月をさして
きらめこうとするのか
生きるも死ぬもこの一瞬のこと
夜深くしてわたしのまわりにむすびはじめる霜

霜　その2

なにもないせまい庭の土に
月のひかりがながれおちている
となりの家の屋根から

ひっそりとおりてきたのだ〳〵
それで庭の土は
はやしろじろと霜のむすぶけはいをみせて
なにもないこのせまい庭にも
やがてするどいあけがたをむかえるのだ〳〵
夜ふけて雨戸をとざすひとときの
こんなひりひりとひたいにつめたい月のひかり
きょうがおわることの
なにかおしまれるしずけさ〳〵
霜はそのときも
庭の土にむすぶために
月のひかりに音もなくたわむれかけているのだ

「霜」一篇は、なんと一瞬に焦点化され、凝縮された詩であろうか。空気が冷えて霜に変わる瞬間を「むすび」と捕え、その結節点、転換点、飛躍を静寂、緊張感を持って表しながら愛や命、そして生きることの厳しさを滲ませる。

《わたしを取り囲む霜》は、みどり学級の子等への世間の偏見、理解してもらえない哀しみ等、「どこまでいってもわかりあうことなどのあるはずのない人間と人間」の苦渋の思いで、月の光と霜を眺める益雄の心情から来るものかもしれない。

「赤い鳥」に益雄と同じように投稿し、西条八十や野口雨情に賞讃された「金子みすゞ」も、子との離別の苦しみと病に耐えきれず自死した。この詩の中にも「生きるの死ぬも一瞬のこと」という一言が気になるところ。益雄の心の片隅には「生と死」の問題が、微かに、でも深く潜んでいたのではないだろうか。

平和を願う詩群も又、ぜひ最後の詩集にと願った益雄だった。

「佐世保の町で」「いじらしい祖国」「ぎりぎりの願いのために」が挿入されている。

佐世保の町で　その1

佐世保の町にきて店さきにたてば
雪がふる
日ぐれの雪がふる／／
子どもにおもちゃとお菓子と紙風船と
そしておれも本がかいたい
そうすると
かえりの汽車の切符を買うだけしかのこらない
そんなすこしばかりの金

あれとあれとかつて、あれをあきらめてー
とおれはわびしい計算をする／／
佐世保の町にきて店さきにたてば
雪がふる
びんぼうなおれの耳たぶに
日ぐれのかわいた雪がふる

貧しいゆえに欲しい本も買えず、詩集さえもガリ版で刻み、謄写板で印刷する手作りであった。

佐世保の町で　その2

かわいた雪を髪にとどめたりして
裏町の銭湯からかえってくる
それはぱんぱん／／
その湯あがりのほてった指さきに
雪がふかれてき、ふかれてゆく／／
まだ白粉(しろこな)にその肌をよろわず
口紅をそのくちびるにぬらず
夜がくるまえのひとときの／／

それはぱんぱん／／
じぶんのうまれ里でもあるいているように
雪かぜにふかれて
裏町のかたむいた家にはいってゆく

【三度の戦火――ベトナム戦争勃発に怒り】

一九六〇年、益雄の正義感は、震え怒(いか)っていた。最愛の我が子を原爆で殺された深い痛みが消えぬのに、始まった三度(みたび)の戦火。労働運動の盛り上がりと弾圧の嵐が吹きまくっていた。

いじらしい祖国

うつくしい海岸線がくっきりと浮きだしてくる
白いレースのひだをひろげかける波うちぎわまでみえてくる
入江と岬と砂浜と、そして島々のあいらしい位置
ただこれだけでおれたちはこれがおれたちの日本列島だと、
あざやかにせつなくおれたちの胸にえがきだすことができた
そんなにも清潔でうるわしくて、おれたちの魂であった
おれたちの日本領土／／
その日本がその風土がその魂が

理不尽なものの手によって／貪欲なものの足によって
血をすすり戦争を欲するものの手練手管（てれんてくだ）によって
かきまわされ足げにされうばいとられる／／
そんな話があるものかそんな道理があるものかと
なんどもなんどもうちけしてきたのに
何もかもおそろしい事実であった
敵がいたのだ。この日本自体の中にさえ／／
美しくきよらかな風物がぐんぐんどこかへながれさ
ってゆくではないか／祖国とはいじらしい呼び名
敵らの手でしめころされるもののこえごえ
その敵がいたのだ／このいじらしい祖国のなかに

殺し殺される地獄と化した戦場を経験した人にとっては、戦場に駆り出した、祖国のなかの敵の存在を強烈に意識したのではないか。許せない思いと共に。一九六〇年代に入ると、新安保条約が調印され、安保改定阻止実力行使に五六〇万人参加、全国各地で学生デモ、勤評反対処分撤回闘争、炭坑合理化・首切りに反対。民間教育団体への圧迫も強くなっていた。

《益雄》とりわけ、平和の問題は、私の心にいつも重苦しいものを投げかける。世界がほんとうに平和になり戦争がなくなる日は、一体いつ来るのだろうか。

私も戦争で子どもを失なった。この子ども達も戦争にでもなったら、虫けら同様の取り扱いをされるだろう。だから戦争はこわい。その戦争の用意を、こそこそとどこかで、誰かがしているような気がしてならない。

平和が見くびられ、人間の値打ちがおろそかに考えられる今の世の中をして魂のことが軽々しく取り扱われる世の中。この世の中こそが、アブノーマルで狂っている。病に罹って呻いている。そんな世の中に、この子ども達を生きてゆかせようとすることのむずかしさ。…

「ぎりぎりの願いのために」

くずの花のようないじらしいことばをすてた
水引ぐさのようなひそやかなおもいをころした／／
生きたいから／ころされたくないから
びっこやめくらや手なしになりたくないから／／
そんなぎりぎりの願いをいうために／／
形容詞修飾語間接法は／ごしごしとけしてしまった／／
そんなぎりぎりの願いのために／たったひとつのことばがある／／
今のこのいのちのなかにある／／

たったひとつのことば／「戦争をやめろ」

益雄の愛と平和への願いは深く、強いものがあった。知恵の遅れた子等への救世の道、それは尊く美しい道であった。

誰もが踏み歩くことのできない崇高な道であった。

教室でみんなでジャンケン

二十、最後の詩集：第六詩集『木のうた』

――最終章 二、殉教「智恵の遅れた子等への救世の道」――

理想を持って生きるには福祉行政は厳し過ぎた。

日々の激務に追われる彼にとって、年と共に衰えていく体力、退職と共に弱くなった気力は、辛いことであった。

第六詩集の『まえがき』にも、「すりへって」「わずかばかりの骨」「さびしくなって」という言葉が含まれて来る。

「なずな寮」を発展させて福祉村をと、夢を掲げる一方で、暦年の疲れはマグマのように溜まり、限界まで達していた。

どう鞭打っても付随して来ない心身の衰えは、益雄が真面目な故に自身を許せなかった。目の前の家族は激務の渦の中にあり、子等は手をさし伸べ、愛を求め続けていた。全てに答えられない、惨めな自分の存在。彼は疲れ切っていた。心の片隅に『生と死』の問題が微かに住み付いていたのが、噴火直前まで来ていた。医師も家族も周りの者も気づけないまま彼は突然火になって燃え尽きたのであった。

この第六詩集は、益雄の命をかけた自分との闘いが詩の形で吐露されており、胸の痛む思いで読むことになった。私たちはどうして彼の苦痛を早めに摑めなかったのだろうか。何をどうすればよかったのだろうか。極めて貧しい教育行政と福祉の谷間で、一人のかけがえのない尊い命が昇天してしまった。

第六詩集『木のうた』（一九六三（昭三八年の作品）

岩井鶴次郎氏（一九六四年時佐世保市収入役）は、「草のうた」に次のような木霊を響かせている。「このあいだ、私は奥さんにお願いして、君が最近書いたものを届けていただいた。それは君の手で書いた、ガリ刷りの詩集『木のうた』だった。頁をめくった。まぎれもない君の字がそこにある。「草のうた」「木のうた」、文字がつぎつぎと、しだいに心をゆさぶる。」と…。

（1）草のうた一九六三（昭三八）年の作品

「草のうた」
こんなはげしい風に／かつでもなく
まけるでもなく／風ふくままの／草の葉

ひとりになりたいので／木のかげにきて／草をぬく

いっぽん草をぬけば／ひとつ雑念がきえる

そんなことならば／朝は未明から
夕べは黄昏まで／草をぬいてくらすものを

《益雄》 年のせいのようだが、何か寂しいことや、辛いことがあると、庭の草をむしることをした。雑草を一本一本抜いていくと、さびしさも、つらさも、一つ一つ消えていくような気がする。

一日にどれほどの
日ざしがめぐってくるのか
こんな家うらに
みどりのきれいな草が
花をさかせようと
ひそかにしたくをしている
どうせさいても
ちいさくまずしい花なのに
だれにもみてもらえない花なのに
ここはこのいのちのいきているあかしか

日陰の草が花咲かせようとしているのを見つめる益雄。「咲いても…見てもらえない」と世の理解の浅さを残念に思い、でも、「ここにちゃんと命がある！」。「生きている証が！」と、そっと抱くのであった。

ここまできてみれば
みずはあふれくさはしげり
ここにわが墓がある
あえてほかに／なにをねがおう

しぜんに墓に目がいく益雄。弱さに捕われないで！　焦らないで！　それこそ、「のん気、根気、元気」の「のんき」にやっていってほしいと叫びたくなる。

ずっととおい日から
水がくさをうつし
くさが水にささやくような
ほんとにしずかな愛をこそ

賑やかさよりも静けさを。有言よりも無口を。

疲れている時にだれもが自然に求める有り様である。
「水が草を映し、草が水にささやくようなしずかな愛」
なんと哀しいほどに澄み切った美しい表現であることか。彼は繊細で優しい心根を持った詩人兼教育者であった。愛のある、互いに慈しみあう平和な世の中であってほしい。益雄が終生、願い求め続けて歩んだ道であった。

なんにもいいたくない日
みずもにうつるあしのはを
みにきた
「なんにもいいたくない日はだまっている日」と
ときたま風がきて
あしのはにささやいてすぎると
あしのはは
またしずまりかえった

子ども達も、益雄の家族も、そっとそっとこんな日は遠くから見守っていたのではないだろうか。

こどもたちよ／この緘黙（かんもく）をゆるせ

この無口の時をゆるせ

寡黙な日もあります。
生きるぎりぎりの物をまとい梢に小象を啼かせて風が遠い空を渉る日〈茂山忠茂の詩〉

草にきて／草にねころべば
おまえらも
わがまわりにあつまりてすわるものを
初夏の日はまぶしくかがやくものを

草に寝転べば自分の周りに子等が集まって太陽のように輝くことは分かっている。けど、どうしても体が、心が動かない最近の益雄であった。

水のも（藻）からのびて／いぐさのさきに
とんぼがすいととまるような
とまらせておいて／かすかにゆれるような
そんな愛をねがい／そんな愛をもとめることは
わがこころのおろかさか

イグサの先にトンボが止まって微かに揺れる様は、不安に揺れる益雄の心情だろうか、細やかな愛が全ての人々の上に降り注がれるのを切望しているのだろうか。

たえまなくはびこる
くさをにくみ
このゆびにちからをこめて
むりしとった
そのくさに
ちいさなはながついていた

自己嫌悪が心を閉めるようになってきた益雄。でも「焦らずに匙を投げださないで」「自分自身の中から弱気や間違いを起こさないようにする事こそ大切な事だ」と、自分を戒めてきた益雄だったはずなのに…。

ひかげのすきなこけは
ひとにしられず
たれにもふまれず

いえうらにひっそりとはえていた
ときたまそこにいって
わたしはひとりで
こけをみていた

この子が居るから、この子と共に歩く。学校の枠を飛び出し、生きる力、真実を見ぬく力を大事に、仲間と共に創り上げ深く関わって来た。でも今は、人に知られず、踏まれずそっと、こけになりたい益雄。

(2) おちばのうた・木のうた (一九五七・八〈昭三二・三年〉頃の作品)

益雄の魂が沁みこんだ遺言の詩群のよう思えてならない。

読み進むにしたがって心がひりひりと張り裂けそうになる。

益雄はそれより前から死と向き合って、覚悟して詩作をしていたのではないだろうか。最期の益雄の心境を読む上でも、大切な魂の叫びの詩群である。

「『自分は知恵の遅れたこの子等にすべての魂も身も尽くし果てた。最善の道をここまでやって来た。これでもうよい。この上は神のみそばにゆくのみだ』と、かすかに声が聞こえてくるようである。」と、富永南冠氏は弔辞に詠んだ。

おちばのうた

もはや／梢にかえるすべもなし
冬のつちに／ちりしかれは／いちまいのかれは

散りいく枯れ葉と一体化してしまった益雄。「もはや」のことばが痛々しく辛い。

きょうも／あさがくる／／
おちばは／みずにしずんだまま／／
いつのまにか／あさがくる

木は／毎年毎年
たくさんなかれはを／おとしてきた
ことしもたくさんおとし
来年もまたたくさんおとす
どうせおとしてしまうものならば

土にかえしてしまうものならば
木は／はっぱなんかつけまいとおもったけれども
ことしもたくさんなはっぱをつけ
来年もまたたくさんなはっぱをつける
それをむなしくおもい
そして木は／だまってたっていた

朝が来ると新しい希望と活力が湧いてくるはずだけど、子等との日々が始まるはずなのだけど、沈んだまま寡黙になってしまった益雄。

おちばよさようならと
こずえはよんでいる
くちるものはくち
のこるものはのこり
だれにしられることもなく
なにのかなしみもなく
朽ちるのも残るのも、しぜんのままに…。

わがいのちの
おわりの日にこそ
神よ
おちばが
こずえをはなれる
そのひとときの
しずけさをめぐみたまえ

ついに穏やかに神に召されますようにと願った益雄。

われは
ひとひらの
おちばとなりたし
つちにちり
つちにくつるを
みるひともなき
ひとひらの／かれはとなりたし

ははすっかりおとしてしまって
ほっとしたところで
木はやわらかな日ざしをうけた
しあわせとはこんなものでございますね
神さま

さいごには、「神様」と言わずにはいられなかった。

すてられるものは／すてたい
ひとつのこらず／すてたい
そうおもって
木は／おちばしつくし
冬の日なたをつくった

穏やかな陽を浴びながら、落葉となって、枯葉となって冬の日なたのように暖かく、しあわせに神の元へそう、願ったように思えてならない。

いそぐことはいらぬ
そんなけはいで／木はおちばする
いそがねばならぬ
そんなにもみえて／木はおちばする
かぜがふけばいそぎ
かぜがやめばやすみ
くれやすい冬日

今になって思えば、「死」について書物の諸処で漏らしていたような気がしてくる。信仰を持った彼にとって、「生と死」「生と天国」は身近になったのではないか。殉教者たちも、信仰の苦難にハライソを求めて旅立った。次の、原理氏との対話の中にも、「死ぬまでやり、やれないようになったら死ぬだけだな」と悟りきったような言葉を残していることを悲しむ。

ひまわりかさかさ空へ枯れてゆく

《原理氏談》身をもって「教育のきびしさ」を示した父は、折りにふれ私どもに「子どものどこかにかくされた可能性をさぐり出すしごとは、きびしいものだ。」と語っていました。その父も、昨年暮れごろから体の不調を訴えはじめました。そのころ、父と私がこんなコトバをかわしたことをおぼえています。

（父）「風の中に一本のマッチの火を守るがごとく」はじめたこのしごとも、十年たってしもうたな。いつになったら、ゆっくり俺を休ませてくれるだろうか。

（私）「家庭のだんらん」が欲しいと思うときがあるね。やっぱり。

（父）のぎく学園の役目が終わるときは、いつだろうか。

（私）誰もたのみに来なくなる時代。いいかえると、日本の国の精薄者福祉行政が完全にゆきわたったときだろう。

（父）そうした社会が理想なんだがな。

（私）ぼくらが、個人の力（ちから）ギリギリいっぱいのところまでつかってやる時代は、変則なんだね。ほんとうは。個人にまかせておいて、愛だの慈善だのう美しいコトバでほめられたって、実際はだましておってという気もするね。

（父）そうなると、このところ休むときなんてないだろうな。死ぬまでやり、やれないようになったら死ぬだけだな。

《岩井氏談》…近藤君。私は、君の子どもたちに対する徹底した愛情を知っている。それ以上に、君の手にかかると、どんなに知恵の遅れた子どもでも必ず何らかの可能性を生かしてくる、その素晴らしい、教育者としての技能を知っている。

原理君は、「父のそうした技能は無形文化財とでも言いたいくらいのものでした」、と目を潤ませて私に言った。原理君は、君の子どもとしてではなく、おなじ一人の教育者の冷静な目で君をそのように評価していたものと思う。そのような君に、我々は、はげしい教育者としての仕事のうえに、さらに企業経営者の重荷を背負わしたまま酷使したのだ。私は、君を一度でも政治の上に安んじて教育に専念できる立場に置いてみたかった。

《原理氏談》 父は、もともと体はそう強い方ではありませんでした。知恵のおくれた精薄児たちと共に生活することは、大変な心身の疲れをもたらしました。朝は子どもたちとラジオ体操をやり、朝食も一緒、八時から午後三時までは日課表にしたがい学習指導と職業訓練、そして夜は日記の点検と反省会、風呂にも入れてやる。そのあいだに参観あり相談あり、記録をまとめ、依頼の原稿を書く、ときには講演に出かける――いつ読書をするのだろうかと思われるくらい多忙な毎日でした。

《岩井氏談》 近藤君、君は疲れていたのだ。どうして疲れないことがあろう。知恵の遅れた子ども達の、想像もできない身のまわりの世話、そしてその、僅かばかりの可能性を必死になって育てようとする努力が、どんなに大変のことだったか。一度あずかった子どもを何かの都合で引き取ってもらう話をすると、親達さえも引き取りを拒んで逃げようとする。それでも君はそのことを肯定し、子ども達の身の上だけを案じていたと言うではないか。(著作集4/あとがき)

木のうた

すてるものはすて／いきをひそめ
ながい冬にはいろうとする／木

永遠なものを／いかすために
永遠なものを／いこわせるために
神は／おちばをはらはらと地にこぼし
はらはらとおともなく地にかえし
おだやかな日なたをつくられた

老いて病のある身で、家族にこれ以上の負担をかけさせたくなかった、憩わせたかった、優しさからなのですね。木は歌う、役割を終えて次の代に引き継ごう、しっかりと。

あんなにたかいこずえから
いちまい
おりてくるもみじばの
くれない
地におち

地にくちるまでの
火のようなくれない

炎のような人生を「もみじばの紅（くれない）」に喩える。彼らしい見事な表現である。

しぐれにぬれてたつ冬木の
ひややかさによりそえば
まだのこっていた一まいのかれは
こぼれてわがからだにふれ
そこからつちにおち
はらはらとしぐれにうたれた

冬の季節の自然の摂理に自分を重ね合わせた益雄。落葉広葉樹の姿を見つめながら「はらはらと」「わがからだふれ」たのを払わず、キリストの様（よう）にしぐれにうたれる益雄。

この最後の詩集・第六詩集『木のうた』は、私達にとっては益雄への鎮魂歌であり、益雄にとっては全ての人への鎮魂歌に思えてならない。

そうならないために、益雄は終生、身を粉にして綴方教育と、福祉教育に尽くし、「全ての人に平等で、平和で穏やかな世の中」を念願し、書くことで行動した教育者であり、詩人であった。

註（今日の人々には不適切と思われる語彙は原文を尊重したこと、また筆者の全文において敬称略としたことをお詫びしつつ。）

【参考文献】

一、
・『近藤益雄著作集3・7・付録』／明治図書（清水寛）
・『福祉に生きる・57「近藤益雄」』・大空社（清水寛）／2010

二、
・童謡集『狐の提灯』（子供の詩研究会）／1931
・『作文実践』（長崎作文の会）復刊第一号（No.14）1959
・『福祉に生きる・57　近藤益雄』・大空社（清水寛）／2010

三、
・第二童謡集『五島列島』（北方教育社）／1931
・『詩人会議』十月号／2009
・『「福祉に生きる」57「近藤益雄」』・大空社（清水寛）／2010
・『手紙で綴る北方教育の歴史』（編集・太郎良信他）／1999
・「北方教育」一号、一三号

四、
・文集「勉強兵隊」（第一～三号）北松浦郡小値賀校尋四B文集
・「島の教師日記」／毎日新聞／近藤真／1987～1988
・『福祉に生きる57　近藤益雄』／大空社（清水寛）／2010
・「綴方教育一月號」第八巻第一號／日本綴方研究會編輯／文録社發行／1933（昭和八年）〔太郎良氏より寄贈〕
・近藤益雄「作品處理に關する覺え書」（昭和十年・東宛書房）〔太郎良氏より寄贈〕

五、
・「獄中メモは問う」――作文教育が罪にされた時代」／佐竹直子著／北海道新聞社／二〇一四年
・『青森文学83』二〇一六・三月（小説・小笠原（松田）文治郎）
・『国・語・人』第四号／伯日教育社／一九三四年四月
・近藤益雄「作品處理に關する覺え書」（昭和十年・東宛書房）〔太郎良氏より寄贈〕

六、
・近藤えい子「児童生活研究所の思い出」（「作文実践」№13／長崎作文の会／1953／P.16～P.19）
・『福祉に生きる・57　近藤益雄』／大空社（清水寛）2010
・「仲よし村」第一号・表紙のことば（「近藤益雄著作集1」P.40）

七、
・『いとし子は白き雲のごとくに』近藤えい子／明治図書／1983
・機関誌『綴方ながさき』第三〇号／長崎県作文の会／2009
・『近藤益雄著作集2巻』「付録2」／「故近藤益雄さんについて」

八、
・「火を継ぐ」／謄写印刷、B5判六ページの小冊子／松尾敦之著　平戸文化協會刊行／1946
・『山田かん全詩集』／山田和子他編集／コールサック社／2011
・『原子野に生きる』／福田須磨子集／長崎の証言の会編／1989
・『だれでもできる平和教育・感動と表現の指導』永山絹枝／2011

九、
・『いためる子らの生態』松本瀧朗著・長崎新教育社／1949
・『作文と教育・三月号』（「戦後綴方教育の実践に学ぶ」）2001
・『近藤益雄著作集2・5・7』清水寛他／明治図書／1975

十、
・大関松三郎についてのノート詩集「山芋」による／1948
・『近藤益雄著作集5・7』清水寛他／明治図書／1975
・『山芋』改訂版／寒川道夫編集／百合出版／1951

十一、
・『ことばの教室』一三号／1950
・『おくれた子どもの生活指導』著作集2／明治図書／1955
・詩集『この子をひざに』あとがき／近藤益雄／1983

十二、
・学校詩集『朝の口笛』第一集／口石小／全P.28／1952
・『おくれたこどものワークブック』／「作文研究」日本綴方の会／1951

十三、
・「君たちはどう生きるか」吉野源三郎／マガジンハウス／2018
・「君たちはどう生きるか」吉野源三郎／日本少国民文庫／1937

十四、
・『報春花』近藤えい子／明治図書出版／1980

十五、
・同人誌「河」／上村筆／長崎県諫早市

十六、
・詩集『この子をひざに』編著／近藤益雄（謄写印刷）／1961
・詩集『この子をひざに』／近藤益雄／黄土社／1966
・詩集『この子をひざに』近藤益雄／泉書館／1983
・詩集『この子をひざに』近藤益雄／日本ブックエース／2006
・「地虫のはうごとく7」近藤えい子／北海教育評論／第19巻一号

十七、
・第四詩集『春あさき水にきて』／近藤益雄／1961
・『この子らと生きて』（写真と詩）／近藤原理・城台巖／1986
・「道を求めて」1　この五年間――／近藤益雄著作集4／1975

十八、
・『精神薄弱児の生きる道』近藤益雄　五・七巻／1975

十九、
・『近藤益雄著作集2・4・7』清水寛他／明治図書／1975

二十、
・『近藤益雄著作集2・4・7』清水寛他／明治図書／1975

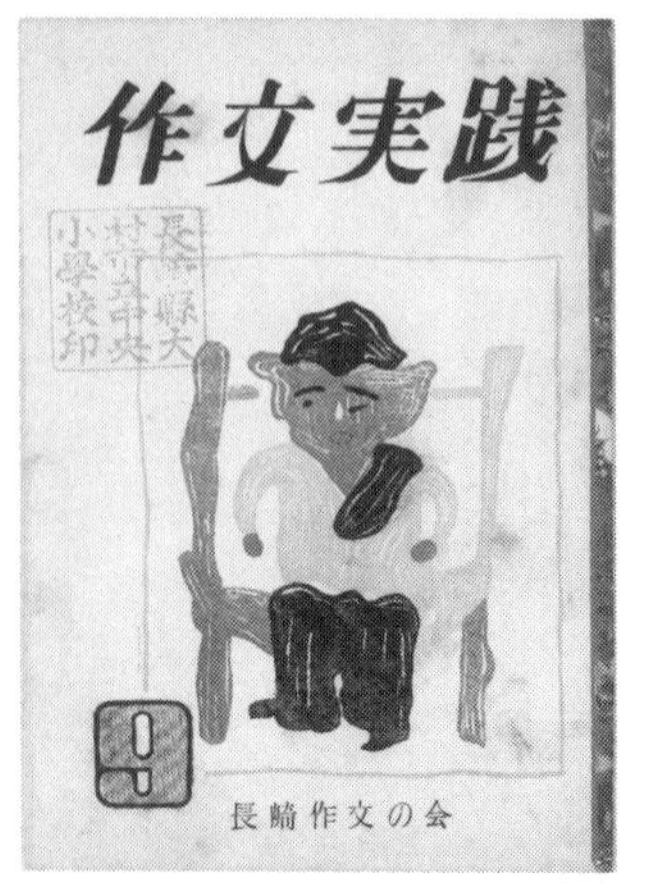

「作文実践」9、10、11、12 号

網あげ
力強く元気に
えんさかほいやとひきーあげろ
えんさかほいやとひきーあげろ
ぴちりぴちりとなにがくるうみみのそこから
あさのひかりがあみのめにしーほのしぶきが
うでえーくーるあーをいでんーきが
よこつーらーにたーんさんすいーーの
じんとーくーる
あはのーよーに
網揚げ
三、
えんさかほいやと
引きあげろ
沖からうねりが
どんとくる
何か力が腕がくる
ぐいとあみずなはってくる
四
えんさかほいやと
引き揚げろ
ぴちり〱と近くなる
何か光が見えてくる
魚のおも味が
肩にくる

近藤益雄の「慈しみ溢れる詩」を語り継ぐ人

永山絹枝『魂の教育者 詩人近藤益雄――綴方教育と障がい児教育の理想と実践』に寄せて

鈴木比佐雄

1

日本の戦前・戦後の綴方教育・障がい児教育において長崎県の近藤益雄（こんどうえきお）は、その先駆的な実践者として近年『近藤益雄著作集』（清水寛編集、明治図書）が刊行されることによってその活動と作品が全国的に知られてきた。今回、永山絹枝氏は同郷の益雄について文芸誌「コールサック」（石炭袋）に五年にわたって二十回連載されたものを『魂の教育者 詩人近藤益雄――綴方教育と障がい児教育の理想と実践』として刊行した。

永山氏は冒頭の「一、長崎綴方教育の創始者」で「時代の中の近藤益雄」としてその生涯を三期に分けて益雄の生きた軌跡を記している。一期は「大正デモクラシーのなかで育てた民主主義の素地と書くこと・創作することの喜び」、二期は「軍国主義教育に精一杯の抵抗を示しながらも、その激流に飲み込まれざるを得なかった益雄、深く傷ついた益雄」、三期として「戦後の知的障がい児教育という道」で、その実践の中で「本物の教育を見出し、喜び、悲しみ、怒り、地域の変革（社会教育）まで広げようとした益雄の歩み。」を示し、その遺産は「魂の詩（叫び）」として残されたとする。この一、二期がⅠ章〈魂の教育者 詩人近藤益雄「戦前」〉、三期がⅡ章〈魂の教育者 詩人近藤益雄「戦後」〉として記述されることになる。

この冒頭の「一、長崎綴方教育の創始者」の中で益雄のその後の人生を決定付けていく出来事を次のように記している。〈一九二四年に東京の国学院大学高等師範に進学した益雄は、桜楓会の巣鴨「細民」地区の託児所でのセツルメント活動にも没頭していく〉。そのことの裏付けとして益雄自身の言葉を引用している。「昼間は幼児の中に交って、砂あそびや描画の相手をし、夜になると働く青年たちの勉強会で国語の先生をさせられた。いずれも無報酬であったが、私には、その奉仕的な仕事がうれしくて、学業はうちすてて没頭した。」

この生き生きとした青年時代を想起する言葉を読めば、益雄が「細民」（貧しい民衆）のスラム街の中に入り込み、その子どもたちや青年たちと遊び学ぶことのセツルメント活動（奉仕活動、ボランティア）に、生きることの喜びを感じる青年であったことが分かる。本書の装幀カバーの子どもたちに語り掛ける益雄を見れば、いかに純粋に純粋な奉仕精神を晩年になっても体現し続けていたかが感動的に伝わってくる。その相貌を見ると宮沢賢治の精神性と重なってくる野の師父のような存在感を与えてくれる。

近代・現代において多くの人びとは障がい者や貧しい民衆の基本的人権や生存権などを否定する優生思想を何とか克服しようと努力してきた。しかしながら数年前の「津久井やまゆり園」での障がい者たちへの無差別殺人を引き起こした若者のように、優生思想は人間の深層のどこかに残存しているのか、それが時に確信犯のように先祖返りし悲劇を引き起こさせてしまった。弱いものをさらに虐めて抹殺してしようとする邪悪な心を人間は抱え込んでいるかのようだ。そんな邪悪な優生思想を克服するにはどうしたらいいのか。そのための重要なヒントとなりうるのが本書で語られている益雄の言説や生き方であると私は強く考えさせられた。

2

今回、永山氏は先輩教師であった益雄の五十七歳の全存在を、書き残されていた詩や散文や周囲の人びとの証言によって、浮き彫りにしてくれた。永山氏は教員で詩人であり、益雄が優れた詩人・俳人・歌人であり、その作品が子どもたちへの深い愛情によって紡ぎ出されていることを膨大な作品に込められた感受性から解き明かしてくれた。そして益雄が目の前に現れて動き出すように、その内面の格闘を想像させながら伝えてくれている。永山氏が益雄に「共通するもの」を発見したことを語っている「一、長崎綴方教育の創始者」の【新任教師としての出発】の冒頭を引用してみる。

またもおこがましいことを言うようだが、益雄と筆者は共通するものが多々ある。私も長崎大学時代に生活綴方サークルに所属しセツルメント活動に似た社会活動を行った。卒業時には、サークル活動の仲間たち・特に自治会活動者は県内での就職を拒まれ、京都等に職場を見つけざるを得なかった。私には五島福江島の三級僻地・樺島が赴任先として提示されたが、先輩達の教育実践を学んで教壇に立つ日を夢見ていたので、子供が居る所なら何処へでも赴任する覚悟はできていた。

長崎県は多くの島々が含まれており、永山氏は「子供が居る所なら何処へでも赴任する覚悟はできていた」のであった。また「生活綴方サークルに所属しセツルメント活動に似た社会活動を行った」

こともあり、その先達として益雄の存在は永山氏にとって人生の師のような存在であったことが理解できる。思想哲学と生き方の共通性がある存在に若くして出会ったことは、僻地に向かう永山氏にとってどれほどありがたかっただろう。なぜ本書が書かれたかを永山氏に問うてみるなら、きっと益雄への尊敬の念と同時に、教師として困難な問題を抱えた時に益雄の言葉が励ましになった感謝の思いなのだろう。その意味では、益雄の同時代の目撃者ではなく、益雄の活動や作品の研究者という視点ではなく、益雄の活動の現場とその精神性の核心を実践の中から学び、反復し、検証し、また同志のように後世に伝えていくことが自らの役割だと考えて、本書の内容を志したに違いない。評伝であり、作家論であり、障がい児教育論を併せ持った本書は、益雄がいかに子どもたちや障がい児たちを愛したかを、深く共感した永山氏だから記すことができたと私は考えている。

永山氏の本書の特徴の一つは、益雄の詩や子どもたちの綴方教育の実践的な成果である詩を通して、益雄と子どもたちの豊かな関係の在りかを語らせていることだ。また子どもたちの詩を掲載した雑誌「赤い鳥」の選者の北原白秋の寸評なども紹介をしていて、当時の綴方教育に寄せた教育者と詩人たちによる子どもたちの詩的精神の養う試みを生き生きと再現してくれている。白秋は子どもたちの詩から親子の貧しい暮らしの中でも、詩という芸術を子どもたちに広めている益雄たちの活動に、賛辞を送るような真剣な感想を記している。

「二、益雄と第一童謡集『狐の提灯』(上志佐小学校)」「三、第二童謡集『五島列島』(小値賀小時代)」では、益雄の良き理解者で生涯の同志となった妻えい子と結婚し、新任教師となって綴方教育を実践し、「教育愛を育て、土着の小学校教師として生きていくことを決意していく」ことを記している。そして一九一八年に鈴木三重吉が編集代表となって刊行された「赤い鳥」の読者であり、寄稿者となった益雄は、野口雨情の「赤い靴」、新実南吉「ごんぎつね」、有島武郎の「一粒の葡萄」などの子どもたちに向けた名作から刺激を受けて、綴方教育の実践活動に豊かに生かしていったことを永山氏は紹介している。この間の第一童謡集『狐の提灯』と第二童謡集『五島列島』には収録された子どもたちの詩篇に対して、永山氏は〈こんな童謡を子どもと一緒に読みあう益雄の姿は、「雨ニモマケズ」(一九三一年)を書いて自他の心をはげました宮沢賢治とダブって見えてくる〉とその精神性の高さに賢治の再来であるかのように早くから感じていた。

「四、文詩集「勉強兵隊」と童詩教育」、「五、リアリズムとヒューマニズムの道へ——児童生活詩としての長い詩を——(田平尋常高等小時代)」、「六、地域の文化を高めるために〝貧困との闘い〟——児童生活研究所の創設——(田助尋常高等小時代)」、〈七、決戦体制下の混迷と葛藤の中で——「人間・益雄」を支えた短歌会——(平戸高等女学校時代)〉、「八、短歌集『火を継ぐ』——どうしたって黙っていられるものか　愛するものを死なしてしまって——」では、軍国主義が教育世界の中に入り込んできて、綴方教育を禁止させようとする校長が出てくる状況下で、「児童生活研究所」を創設し、また「勉強兵隊」という名でカモフラージュしながら、綴方教育を続けていく姿を永山氏は辿っていく。ついに益雄も徴兵されてしまう。そして長崎原爆によって十七歳の長男耿を亡くしてしまい絶望的になる。しかしⅠ章の最後「八」で永山氏は「戦後の益雄は、教室の隅に居る子たちへ優しいまなざしを向け、知的障がい児教育に家族ぐるみで全身全霊を傾ける」と、戦場に子どもたちを送った自らの責任を噛み締めながら、新たな障がい児教育に挑んでいったと記している。

3

〈Ⅱ章　魂の教育者　詩人近藤益雄「戦後」〉の「九」から「二十」では、息子を亡くし失意の益雄が戦後に「民主教育」や「綴方教育復興」などを実践し高等学校の教頭・校長にまでなっていく。しかし益雄は管理職的な地位に違和感を覚えて、不十分な障がい児教育の現場に立つことを決意し、また言葉の不自由な子どもたちへの綴方教育について新たな試みを開始していく。永山氏はそのような障がい児教育の先駆者としての益雄の試みである特殊学級「みどり組」の誕生について丹念に辿っていく。

永山氏は、益雄の根本的な考え方を〈「貧しき者へこそ愛情を注がねばならない。この人ほど、教育を受ける権利を共有する」という視点で、人間の平等を起点とした。教育はそうした子を中心に見据えてこそ、総ての子に平等に接することができる。〉と指摘している。また「〈子を膝に生きる権利をわれ思う〉という言葉が益雄の教育理念であった。それは教育の本質をついており、一人ひとりと向き合いながら「人間」としての目覚めを促していくこと。生活教育、綴方教育の原点に立ち返っての障がい教育である。」と益雄の突き詰めた現場からの教育理念の崇高さを解説してくれている。

また永山氏は、益雄が「みどり組」では救いきれない子どもたちのために私立の知的障がい児入所生活施設「のぎく寮」を創設し、自らが特殊学級担任と寮長を兼務したことを「誰にも真似の出来る事ではなかった」と語り、それを成し遂げて亡くなるまでを益雄の詩と散文から読み解いていく。またそれを引き継いだ妻と子の活動も記してそれらの精神が現在の障がい児教育に引き継がれていることを語ってくれている。最後に永山氏が引用した詩とそれを論じた個所を引用したい。

この子のいのち

秋の日／草のうえに／むきあってすわり／この子が／目をほそめてほほえむのにふとおもう／／この子に／いつまでのいのちが／めぐまれているのか／そしていきていることが／どれほどのしあわせなのか／それはだれにもわからぬことだが／／秋の日／わたしは草にすわっていのる／いきていてくれるように／いきていてくれるように

なんと慈しみ溢れる詩であろうか。
なんとやさしい、人間愛に満ちた詩であろうか。
「この子ども達も愛される事によって愛する事を学びます。しかし、それだけに留まることなく愛する事によって愛される事を教えてやります。」と益雄は言う。
『パンがひときれあるならば隣の子にもわけましょう
パンのくずでもあるならば小鳥にまいてやりましょう　（浜田広介）』
「人間教育」をも目指した益雄であった。

永山氏は益雄の「慈しみに溢れる詩」がどんなに価値あることかを知っており、障がい児教育に関わる方はもちろんだが、多くの人たちに真の命の尊さを感じてもらいたいとこの『魂の教育者詩人近藤益雄』を後世の教育者や親御さんたちに向けて刊行したに違いない。この書が「この子ども達も愛される事によって愛する事を学びます」という「魂の教育者」を求めて学ぶ人たちに読み継がれることを願っている。

あとがき

――『魂の教育者 詩人近藤益雄』の執筆を終えるにあたって――

まずは、皆さんから温かいご支援を頂き感謝申し上げます。

執筆当初から読者の方と共に、学び合い・磨き合いで深めることができましたこと、有難く幸運に思います。多数の先達者からの適切なご指導もありました。どれも私にとっては、友愛の心を育む至福の時間でした。二〇一五年から五年間、喜びの中で執筆継続できたのは『近藤益雄著作集』等、沢山の貴重な文献があったこと近藤益雄氏が身近な郷土の崇拝できる先輩だったこと、投稿できる文芸誌「コールサック」（石炭袋）があったからでした。

遠くから見守って頂いた「近藤益雄研究者」の清水寛先生の応援歌を代表して掲載し、お礼の言葉に添えたいと思います。

永山絹枝さん、お手紙、論稿「魂の教育者・詩人『近藤益雄』を読む」をいただき、心より厚くお礼申し上げます。

本稿は、永山絹枝ならではの、永山さんらしい優れた独自性と創造性を有する近藤益雄論です。それは、益雄先生と永山さんとの間に、教師として詩人として、何より人間性（人格・ヒューマニティ）において、共通する面があり、しかも共に、五島の地域から教育実践を深め、また、人生史として体験が重なり合うものがあるからだと感じました。

益雄の各時期の童謡・詩等と、その児童・生徒たちの作文等の理解と評価が鋭く、的確で、豊かな示唆を読むものに与える内容になっております。

また、野口雨情の童謡と益雄のそれとの類似性・共通性、益雄の作品の独自性（オリジナリティ）の把握・指摘など、新しい益雄研究の深まりと発展があり、大変教えられました。その他、多くの点で、まさしく、優れた教育実践者であり、民間教育研究運動の推進者であり、自ら詩の創作もされる永山絹枝さんならではの貴重な指稿・提起が数多くあります。

真さんと原理さんの健康快復を心より祈り続けています。

この本を、

故近藤原理氏

故城台巖氏

療養中の近藤真氏のご快復を願い

捧げます。

二〇二〇年五月に

永山絹枝

近藤益雄（こんどう　えきお）略歴

1907年3月9日　長崎県佐世保市に生まれ平戸で育つ。

1927年　国学院大学高等師範部卒業後、長崎県北部の辺地・離島の児童詩教育に従事、児童詩や生活綴方教育に専念。

1950年　自ら校長をやめ、佐々町口石小学校に障害児学級を開設、その担任となる。

1953年　生活施設「のぎく寮」（後に、のぎく学園）を創設、家族ぐるみで知的障害児の指導にあたる。

1962年　口石小学校を退職、成人ホーム「なずな寮」（後に、なずな園）創設、その経営を次男原理夫婦にまかす。

1964年5月17日　心労重なり自ら命を絶つ。五七歳。

近藤真氏、近藤原理氏、永山絹枝
佐世保での作文研究会　2008

永山絹枝（ながやま　きぬえ）略歴

1944 年　長崎県大村市に生まれる。
1963 年　長崎大学学芸学部に入学。生活綴方のサークルに所属し機関誌の編集にかかわったり、現場教師と触れ合ったり、多くの実践集を読破したりして、教師の夢を育てる。
1967 年　長崎大学教育学部を卒業後、五島の本窯小学校を皮切りに、諫早の真城小学校を退職するまでの 34 年間、生活綴方教育に情熱を燃やす。
2006 年　長崎大学大学院教育学部研究科修士課程卒業。
2009 年　第 58 回作文教育研究大会・長崎大会を成功させる。

「教育はロマン」を信条にした豊かな実践は全国的に高く評価され、多くの教師や保護者に感動を与えてきた。情熱を傾注して作られた文集は、全日本文詩集コンクールで「総合優秀賞」をはじめ、「指導文集賞」などの賞を数多く受賞している。
今も、マイノリティ・平和・ことばを切口にして共生の実現のために行動し続けている。

【所属】日本作文の会、長崎県作文の会、
文芸誌「コールサック（石炭袋）」詩人会議　各会員。

【著書】詩集『讃えよ歌え』、『子ども讃歌』。論集『だれでもできる平和教育　感動と表現の指導』（第 54 回全日本文詩集コンクール・特別奨励賞受賞）、『感動とその表現としての詩教育』、『ながさきの子ども等（授業にすぐ使える作文集全 3 巻）』。

魂の教育者 詩人近藤益雄（えきお）
——綴方教育と障がい児教育の理想と実践

2020年5月18日初版発行

著者　　　　　永山　絹枝
編集・発行者　鈴木比佐雄
発行所　　　　株式会社コールサック社
〒173-0004　東京都板橋区板橋2-63-4-209号室
電話　03-5944-3258　FAX　03-5944-3238
suzuki@coal-sack.com　http:／／www.coal-sack.com
郵便振替　　00180-4-741802
印刷管理　株式会社コールサック社　制作部

装丁　奥川はるみ

ISBN978-4-86435-434-9　C1095　￥2000E
落丁本・乱丁本はお取り替えいたします。